우리는 행복을 진단한다

우리는 행복을 진단한다

서울의과학연구소 SCL의 도전과 성취

이경률 지음 | 박보영 엮음

예미

추천의 글

언제부터인가 세계와 어깨를 나란히 겨루기 시작한 우리나라의 의료에서 아쉬웠던 점. 정작 발전된 의료의 부가가치를 담을 수 있는 제약과 의료기기 산업 등을 통한 국부 창출이 미미하다는 점이었다. 서울의과학연구소가 코로나 범유행기에 국내외에서 보여 준 눈부신 활약은 그동안 느껴 왔던 의료산업에 대한 아쉬움을 크게 달래 준 쾌거였다. 그 사건을 만들어 낸 그리 각광받지 못했던 진단검사의학 분야에서 서울의과학연구소가 밟아 온 난관 극복과 세계 진출을 향한 열정의 40년 역사는 내일의 우리나라 의료와 관련 산업이 가야 할 길을 안내해 줄 것이다.

- 대한민국의학한림원 원장 **왕규창**

대한민국 최초의 검사 전문기관으로 출발해 세계적 수준의 의료 서비스를 제공하고 있는 SCL의 기록을 담은 이 책은 우리나라 진단검사의 역사를 읽는 것이라 할 만큼 매우 의미가 깊은 책이다. 국민 건강을 위해 수준 높은 의료 서비스를 펼쳐 온 SCL이 초일류 의료 및 의과학 기관으로서 도약하기를 기대해 본다.

- 유진그룹 회장 **유경선**

《우리는 행복을 진단한다》에 소개된 SCL의 역사와 진단에서 예방까지 '원스톱 의료'를 실현하고 있는 생생한 이야기가 관련 업계 모든 분들에게 널리 퍼지길 바랍니다.

– 동화약품 회장 **윤도준**

의료계 진단검사 분야 세계 최고의 기술력을 보유하고 있는 서울의과학연구소(SCL) 이경률 회장님의 경영철학을 통해 도전정신과 사회공헌에 대한 나눔의 가치를 느끼게 한다. 새로운 분야를 개척하며, 세계 최고가 되기까지의 어려움과 위기를 기회로 만드는 과정을 잘 보여 주고 있어 의료·기업인뿐만 아니라 일반인들에게도 이 책은 좋은 경험의 시간이 될 것 같다.

– 대한병원협회 회장 · 연세대학교 의무부총장 겸 의료원장 **윤동섭**

서울의과학연구소의 지난 40년을 정리한 이 책을 통해 우리나라 진단검사와 예방의료의 역사를 읽는다. 그 도전과 좌절, 성취의 과정을 차분히 되돌아보면 대한민국 미래 의료의 밑그림이 보일 것이다.

– 법무법인(유) 광장 고문 · 제49대 보건복지부 장관 **임채민**

서울의과학연구소는 1983년에 설립된 이후로 줄곧 대한민국의 진단 검사 분야 발전에 크게 기여해 왔다. 대한임상병리사협회와 함께 SCL은 코로나19 사태와 같은 숱한 위기를 오히려 더 큰 도약의 발판으로 삼아 세계에 우수한 국내 진단검사 분야 기술력을 널리 알렸다. 창립 40주년 기념 도서 《우리는 행복을 진단한다》를 통해 SCL의 찬란한 40년 발자취를 확인하시길 소망한다.

- 대한임상병리사협회 협회장 장인호

서울의과학연구소는 창립 이후 지난 40년 동안 대한민국 진단검사의학의 발전을 선도하였을 뿐 아니라 세계 각국과 협력관계를 구축하여 우리나라 진단검사기관의 미래 발전 방향을 주도하였다. 아울러 대학 및 보건의료단체에 다양한 후원활동과 인재양성을 위한 지원사업에 과감한 투자를 통해 사회적 기업으로서의 명성을 드높였다. 이 책자는 우리나라 기업이 어떤 철학과 이념을 갖고 국가와 사회에 기여를 해야 하는지를 있는 그대로 보여 주는 필독서라고 생각한다.

- 대한보건협회 회장 전병율

SCL 40년사를 돌아보며 대한민국 진단검사의학 분야의 산 역사를 볼 수 있었다. 첨단 의과학과 글로벌 헬스케어의 미래를 이끌어 갈 또 다른 선구자들에게 이 책을 추천한다.

- 국회의원 전혜숙

인류의 건강하고 행복한 미래를 위해
앞장서는 의료기관

어떤 기관인가?

누군가 이렇게 질문한다면 어떻게 답해야 할까. 서울의과학연구소 SCL를 설명하는 팩트 중심적 표현은 많다. 국내 최초 검체검사기관, 아시아 최대 규모 검사실 보유, 국내 최초 PCR 검사 도입, 국내 최초 CAPCollege of American Pathologists 인증, 한국 최초 해외 의료기관 코로나19 검사 수주 등등 하나같이 가슴 뿌듯한 사실들이다. 그러나 단 한 줄로 표현해야 한다면 이렇게 답하고 싶다. "사람이 건강하고 행복하게 살아가는 데 도움이 되는 의료기관"이라고.

기관 특성상 다소 생소하게 느끼는 이들이 있을 수 있지만 적어도 SCL에서 일하는 구성원들은 모두 동의한다. 40년 동안 오로지 그 한 길을 달려왔으니까.

SCL은 환자의 진단 및 치료를 위해 검사를 수행하는 기관이다. 환자를 치료할 때는 반드시 객관적·과학적 근거와 의사의 경험이 통합되어야 한다는 근거중심의학EBM을 추구한다. 대중에게는 낯선 개념이지만, 사실 지구상 모든 사람들의 생활에 깊이 파고들어 있는 학문이다. 우리가 아파서 혹은 검진을 받기 위해 병의원에 가면, 의사들은 우리의 건강 상태와 질환에 걸렸는지 여부를 알아보기 위해 검사 전문기관에 검사를 의뢰한다. 우리는 그 검사결과를 기반으로 한 치료를 받는다.

SCL은 1983년 창립 이후 정확히 40주년이 된 현재까지 인간의 건강과 행복을 위해 오롯이 한길을 걸어왔다. 진단검사의학과 전문의로서 근거중심의학의 전망에 대한 확고한 믿음이 있었다. 하지만 당시에 모두가 거기에 동의하는 건 아니었다. 잘 알려지지 않은 길, 길이라고 부를 수도 없는 길을 가는 건 쉽지 않았다. 오로지 열정 하나로 뛰었다.

이 책에 들어 있는 이야기는 40년 동안 한길만 바라봤던 사람들의 피와 땀의 열매들이다. 어느 한 개인의 이야기가 아니라, 구성원 모두가 같은 목표를 바라보며 웃고 울고 성장해 온 분투기이다.

창립 40주년을 맞아 SCL의 빛나는 성취를 정리하면서, 앞으로 다가올 40년에 대한 기대감으로 가슴이 벅차오른다. 이제는 대한민국을 넘어 전 세계에 우리나라 진단검사의학의 우수성을 알리고 싶다.

미국 할리우드의 여배우 오드리 헵번은 "성공이란, 중요한 생일에 도달했는데 당신은 정확히 똑같다는 걸 발견하는 것이다Success is like reaching an important birthday and finding you're exactly the same"라는 말을 남겼다. 그의 말을 빌려 표현한다면 SCL은 앞으로도 성공할 것이다. 왜냐하면 오래전 초심初心, 즉 '사람들의 행복하고 건강한 삶을 돕겠다'는 마음이 여전히 생생하게 살아 숨 쉬고 있기 때문이다. 이 마음은 한 번도 꺾인 적이 없다.

"자네들이 쥔 칼은 사람을 살리는 칼이 되어야 해."

지금도 가끔 의과대학 시절 스승에게 들은 말이 떠오른다. SCL은 검체검사기관으로 시작해 지금은 종합 헬스케어 그룹이 되었다. 의사와 기업가는 그 입장이 같을 수 없다. 그러나 생명의 소중함, 그 엄중한 무게를 언제나 묵직하게 느끼고 있다.

인간은 누구나 자기 건강을 지키면서 행복하게 살 권리가 있다.

SCL은 이 땅의 모든 이들이 그렇게 살 수 있도록 도울 것이다.

2023년 5월
SCL헬스케어 회장 이경률

차 례

1장 | 남들이 가지 않는 길

2장 | 담금질로 연단되는 쇠처럼

1장
남들이 가지 않는 길

남들이 가지 않는 길은 덜 안전하다.
그러나 덜 안전한 길은 기업을 성장시킨다.
위험한 선택을 한 기업들이 위대한 역사를 만든다.

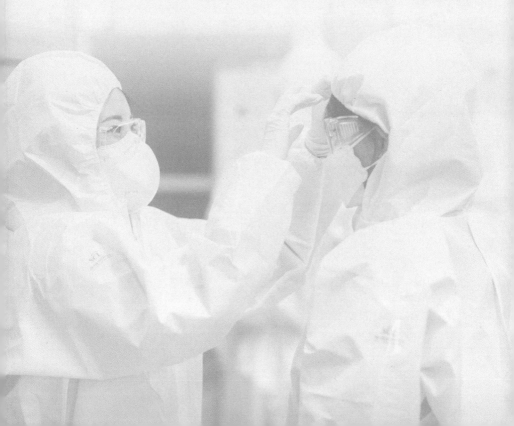

인간에 대한 근원적 의문

해부학 실습실에 울려 퍼진 고함 소리

"그만하고 나가. 어서!"

A교수의 호통이 실습실 전체에 울려 퍼졌다. 얇게 얼어붙은 얼음이 날카로운 송곳에 깨어지듯 집중이 흐트러졌다. 실습대에 모여 있던 의대생들은 고개를 들고 교수의 손가락이 가리킨 쪽으로 시선을 돌렸다. B가 메스를 쥔 채 손을 떨고 있었다. 주춤거리는 B를 향해 다시 고함이 날아들었다.

"자넨 지금 환자를 죽였어. 그러고도 메스를 잡을 자격이 있어? 어서 나가!"

B는 메스를 내려놓고 뒷걸음치다가 등을 돌려 실습실 밖으로 나갔다. B가 문밖으로 사라지자 A교수의 얼굴은 다시 무표정하게 바뀌

었다.

해부학을 가르치는 A교수는 의대생들 사이에서 철저한 성격으로 이름이 나 있었다. 수술용 메스의 칼날에 비견될 만큼 날카로웠다_{실습용 메스는 무딘 편이지만 수술용 메스는 상당히 날카롭다}. 특히 카데바를 직접 다루는 실습시간 때 그의 완벽주의는 찬란하게 빛을 발했다. 단 한 번의 실수, 티끌만큼의 소홀함이라도 결코 용납하는 법이 없었다.

의대생들이 가장 인상 깊은 경험으로 꼽는 해부학 실습은 어떤 수업보다 엄격한 분위기 속에서 진행된다. 1980년대 의과대학 해부학 실습에서는 의대생 10명당 1구의 카데바가 배정되었다_{그때도 카데바가 부족했지만 지금은 카데바 1구에 더 많은 학생들이 실습을 진행하고 있다}. 의대생들은 의학 발전을 위해 기꺼이 자기 몸을 기증해 준 분들의 숭고한 뜻을 느끼면서 실습에 임했다.

실습 첫날 의대생들은 가장 단정한 옷차림으로 학교에 온다. 그리고 본격적인 작업에 앞서서 카데바를 향해 묵념을 드린다_{시신을 기증한 고인의 뜻을 기리기 위해 별도로 추모제를 지내는 의과대학들도 있다}. 의대생들이 다루는 카데바는 과거에 존엄한 사람으로 숨 쉬며 존재했었다. 처음부터 의사를 꿈꿨던 사람도, 공부를 잘해서 부모의 권유로 의대에 진학한 사람도, 카데바 앞에서 겸허한 마음을 갖게 된다.

처음에 카데바를 보면 두렵고 곤혹스러워하는 경우가 많고 심지어 기절하는 학생들도 있다. 그러나 시간이 지나면서 차츰 익숙해지면 신비로운 인체의 구조와 기능을 파악하는 데 몰입한다. 학생들은 교수의 지도에 따라 역할을 나눠 진행하는데 메스를 잡고 직접 박리하는 사람, 해부학 책을 보면서 구조와 부위별 명칭을 확인하는 사람, 전체적으로 진두지휘하는 사람 등으로 구분된다. 책에서 배웠던 신체 구조를 직접 확인하고 부위별 기능을 이해하는 데 해부학 실습은 큰 도움이 된다. 해부학은 현대의학의 기초로서 그 중요성은 두말할 필요가 없기에 의대생들은 허용된 실습 기간 중에 신체 구석구석을 이해하기 위해 많은 노력을 기울인다.

문제는 이 과정에서 필연적으로(?) 실수가 발생할 수밖에 없다는 점이다. 조직별로 정교하게 분리하는 작업이 말처럼 쉬운 게 아니라서 아차 싶으면 신경이나 근육, 혈관을 자를 수 있다. 해부학 교수들은 이런 실수를 인정하지 않았다. A교수는 학생들이 실수할 때마다 손을 들고 자진 신고하도록 했는데, 신고를 받는 족족 학생들을 내쫓았다. B에게 불호령을 내린 이유도 그가 혈관을 잘못 건드렸기 때문.

"저런 식으로 혈관을 건드리면 환자는 목숨을 잃는다. 의사의 사소한 실수 하나가 환자의 생명을 앗아 갈 수 있다는 걸 명심하도록!"

그 자리에 있었던 이들 중 어느 누구도 말하지 않았지만 속으로는 생각했다. 이제 B는 리포트를 제출하느라 죽을 똥을 싸게 될 거라고. A교수는 실습 때 실수를 저지른 학생들에게 본인이 실수한 신체 부위에 대한 리포트를 작성하라는 '벌'을 내린다. 학생 입장에서는 억울할지 몰라도 의사라는 직업 특성상 엄격한 교육은 불가피하다. 자신이 잘못 다룬 신체 부위의 이름과 기능을 공부하면서 한층 성장할 수 있다는 점에서 리포트 작성은 훌륭한 벌이다.

실습 때 용케 실수하지 않은 학생이라도 안심할 수 없다. 해부학 실습 시험이 있기 때문이다. 실습대에 놓여 있는 카데바의 부위마다 번호 표식을 해두고 제한시간 내에 학생들에게 해당 용어와 기능을 쓰게 하는 시험이다. 학생들은 해부학 책과 의학사전을 뒤적이면서 수천 개에 달하는 용어를 달달 외우고 시험에 임한다. 밤새워 공부해도 시험장에서 시간에 쫓겨 가며 답을 기록하다 보면 그야말로 넋이 나간다. 의대생들은 이렇게 혹독한 트레이닝을 거쳐 인체를 배우고 정식 의사가 된다. 어쩌면 의과대학의 모든 과정은 생명의 엄중함을 가르치는 걸 목적으로 하는지도 모른다.

의대생 이경률은 실습실에서 쫓겨나는 친구들을 보면 "내가 실수한 것도 아닌데 머리털이 곤두서는 느낌이었다"고 회상한다. 스승인 A교수가 왜 그렇게 철저했는지 이해한다고 했다. 해부학 실습 때 정말 내가 사람의 생명을 다루는 일을 한다는 사실을 뼈저리게 느끼게 되었다는 것. 카데바를 신중하게 다루지 못하면 앞으로 살아 있는 신체를 어떻게 다룰 것이며, 어떻게 생명을 지켜 줄 수 있겠는가. A교수의 엄격한 가르침에는 이런 깊은 뜻이 숨어 있었다.

"그때가 처음이었을 거예요, 의사의 실수를 줄일 방법을 알고 싶었던 때가."

사람은 완벽할 수 없다. 근원적으로 실수하는 존재이다. 그러나 의사는 생명을 취급하는 직업이기에 완벽을 추구해야 한다. 의사의 실수는 환자가 최종 피해자가 되는 '리스크'이기 때문이다. 여기서 모순이 발생한다. 인간이란 존재가 완벽할 수 없는데, 어떻게 이 빈틈을 보완해야 할까.

그는 "자네들이 쥔 칼은 사람을 살리는 칼이 되어야 해"라는 스승의 일갈을 가슴속에 깊이 새겼다. 그리고 언젠가 의사가 되면, 의사들이 실수를 줄이고 정확한 진단을 하여 환자를 치료할 방법을 찾으면 좋겠다고 생각했다. 이 막연했던 다짐은 훗날 서울의과학연구소를 통해 구체화되고 이뤄지기 시작한다.

무의촌에서 인술(仁術)을 펼치면서

의대생들은 어마어마한 공부량에 시달린다. 예과 2년은 본무대에 오르기 전 워밍업에 지나지 않는다. 본과에 올라가면 고등학교 3학년 수험생보다 더 빡빡한 스케줄로 살아간다. 매일 오전 7시에 학교에 모여서 하루 일과를 시작하고 오후 8, 9시까지 수업을 듣는다. 과목마다 정기 시험이 매월 있고, 이와 별도로 일주일에 한 번씩 '땡 시험'을 치른다. 과목별 교수님이 내는 건데, 일시에 대한 예고가 없는 게릴라식이다. 난이도도 만만찮다.

교수들은 기습적으로 학생들을 불러서 퀴즈를 내고 그 결과를 성적에 반영한다. 평상시에 조금이라도 공부를 게을리하거나 그 전날 늦게까지 술을 마신 학생들은 여지없이 급소를 난타당했다. 그러니까 의대생들은 1년 내내 시험이라는 마음으로 항상 긴장을 유지하고 공부를 해야 한다. 평가 방식이 빡빡한 만큼 학년 진급이 쉽지 않았다. 본과 1학년에서 2학년으로 올라가지 못하고 탈락되는 확률이 50%를 상회했다. 딱 6년 만에 졸업하는 사람이 50%가 안 됐다. 대부분 7년 정도는 학교를 다녔다.

그에게 유일한 취미는 테니스였다. 연세대학교 신촌 의과대학 캠퍼스에 있는 테니스 코트에서 짬이 날 때마다 테니스를 즐겼다. 당시 의대 교수들 중 테니스를 취미로 즐기는 이들이 있었고, 그는 운 좋게 스승들과 테니스를 칠 수 있었다. 교실 밖에서 만난 스승들의 모습은 교실 안과 사뭇 달랐다. 제자에게 허물없이 대하면서 진로에 도움이 될 만한 이야기를 들려주었다.

그는 본과 실습 그리고 테니스 코트에서 스승들의 조언을 많이 들을 수 있었으나 정신과, 성형외과 등 호기심이 가는 학문이 여럿이라 쉽게 전공을 결정할 수 없었다고 한다. 그런 상태에서 1985년 6년 만에 의과대학을 졸업했고, 국가고시에 합격해 의사 면허를 취득한 다음 군에 입대했다.

공중보건의로서 그가 배치된 곳은 강원도 횡성군이었다. 그는 공보의로 환자를 돌보다 보면 전공을 찾을 수 있을 거라고 기대했다.

1985년의 횡성군은 오늘날과는 많은 차이가 있었다. 정식 의사 면허를 가진 의사는 단 한 명도 없는 무의촌無醫村이어서, 한지의사限地醫師, 일정 지역 안에서만 개업하도록 허가받은 의사가 의료 공백을 메우고 있었다. 그가 등장하자 한지의사는 일을 접고 다른 지역으로 떠났고, 그는 간호사 역할을 하는 조산사와 보건소에서 함께 일하게 되었다.

"정식 의사가 왔다는 소식을 듣고 군민들이 굉장히 몰려들어 왔어요. 매일 쉴 틈이 없었죠."

당시 횡성군의 인구수는 2만 명 정도였다. 5일장이 열리는 날이면 하루에 250여 명의 군민들이 그를 찾아왔다. 간호사가 한 명뿐이라 일손이 모자랐다. 어르신들은 몇 시간씩 약이 나오길 기다려야 했다. 그는 횡성군수에게 사정을 설명하여 횡성군 역사상 처음으로 자동 약 포장기를 도입했다. 그 덕에 환자들의 대기시간이 줄어들 수 있었다.

공보의 2년 차 때 해낸 일은 더 있었다. 그때 정부에서 모자보건센터 사업을 활발하게 진행하고 있었는데, 군수와 상의하여 횡성군에 모자보건센터가 설립될 수 있도록 사업을 신청해 승인을 따낸 것이다. 그는 원주세브란스기독병원 산부인과에 가서 두 달간 분만 트레이닝을 받았다. 그 덕분에 산부인과 전문의가 아님에도 새롭게 설립된 모자보건센터에서 사고나 실수 한번 없이 아기를 잘 받을 수 있었다.

그가 있는 동안 보건소, 모자보건센터에 인근 지역 사람들까지 찾아와 북적거렸다. 일손이 모자라 인원을 충원하였고, 보건지소까지 열었다. 공보의 3년 차 때에는 횡성군 둔내면 보건지소를 개척하였다. 보건지소에서는 치과 전문의 한 명과 함께 근무했다. 매일 땀 흘려 일하는 그들을 위해 횡성군수는 곧잘 고기를 사 주었다. 열심히 일하고, 신나게 먹으며 그 시절을 보냈다.

그는 "횡성군에서 일하던 3년 동안을 잊을 수 없다"고 추억한다. 그에게 공보의 시절이 인상 깊었던 이유는 많은 환자들을 진료하면서 의사로서 처음으로 보람을 느꼈기 때문이다. 치료받은 환자들은 그의 손을 부여잡고 고맙다고 말해 주고, 집에서 신문지에 고구마나 감자 등을 싸 와서 나눠 주기도 했다. 그는 "아픈 곳이 나아서 후련해하는 환자들의 표정을 보면 정말 행복했다"면서 "의사로서 환자를 실수 없이 진료하고 치료하는 것이 중요하다는 걸 체험한 순간이기도 했다"고 말했다. 횡성군에서의 경험은 의대생 시절 막연하게 생각해 왔던 다짐을 자극하는 계기가 되었다.

공보의를 마치고 의과대학으로 돌아온 그는 신중하게 고민한 끝에 진단검사의학과를 전공으로 선택했다. 진단검사의학과 전문가로서의 삶, 그에게 또 다른 세상이 열리고 있었다.

사람을 살리는 의사결정의 머릿돌

진단검사의학은 어떤 학문일까? 지금도 진단검사의학에 대해 말하면 낯설어하는 이가 적잖다. 1980년대에는 더욱 그러했다. 사람들이 아는 의사는 내과, 소아과, 산부인과, 외과 등 환자를 진료해 질환을 치료하는 사람이고, 그 외의 개념은 잘 알지 못했다. 의사를 지망하는 학생들도 마찬가지였다. 오늘날도 진단검사의학 전문의는 다른 의학 분과에 비하면 많은 편이 아니다.

진단검사의학은 의학 분과 중 하나로, 본래 병리과에 속해 있었다가 1980년에 분리 독립되었다. 환자로부터 채취한 혈액, 소변, 대변, 체액 등 검체에서 분자 및 세포 성분을 분석해서 환자의 질환을 진단하고 치료방법을 찾아내며 예후를 추정하는 데 활용할 수 있도록 하는 학문이다. 어떤 검사를 시행한 것인가부터 검체를 채취해 취급하고 검체를 분석·해석하여 결과를 관리하고 이용하는 것까지 종합적으로 담당하여 임상의가 가장 효과적인 치료법을 찾을 수 있도록 돕는다. 그가 의대생 시절부터 생각해 왔던 "의사의 실수를 줄이고 정확한 진단 및 치료를 하도록 돕는 방법"에 해당하는 학문이 바로 진단검사의학인 것.

대중적으로 잘 알려진 학문은 아니지만, 의사가 사람을 살리기 위한 의사결정의 기초가 된다는 점에서 매우 중요하다. 진단검사의학과에서 시행하는 검사는 무척 많으며 종류가 다양하다. 인체에서 채취한 혈액, 소변, 대변, 체액뿐 아니라 바이러스, 세균, 진균 등 미생물에 대한 실험도 이뤄진다. 2020년 발생한 코로나바이러스감염증COVID-19처럼 신종 바이러스에 대한 분석도 한다. 암을 포함한 질병, 유전병,

노화 등 인간이 건강하게 살기 위한 모든 의학적 연구와 검사를 진행하고 있다.

만약 진단·병리검사가 없다면 어떻게 될까? 현재 국내에 존재하는 약 3만 5,000여 의료기관에서 의료진이 시진, 촉진, 청진, 타진과 임상적 경험에만 의지해 진단한다면 환자를 완쾌시킬 수 있을까? 불가능하다. 주관적인 정보는 얼마든지 틀릴 수 있기에 제대로 된 진단을 하고 치료법을 찾아내기가 어렵다. 의료진 개개인의 능력에 따라서도 치료 결과는 큰 차이를 보일 것이다.

1990년대에 있었던 일이다. 성형외과에서 주름살 제거 수술을 받던 50대 여성이 사망하는 사건이 발생했다. 성형외과에서는 환자를 대상으로 수술 전 검사를 실시했는데, 간기능검사 결과만 확인하고 출혈응고검사 결과는 보지 않고 수술을 시행하였다. 환자는 수술 중 출혈이 멈추지 않아 사망하고 말았다. 출혈응고검사 결과를 살펴보고 환자가 선천적 혹은 후천적 원인으로 출혈 문제가 발생할 가능성이 있는지를 확인했더라면 막을 수 있는 비극이었다. 출혈응고검사는 비교적 간단한 검사지만, 중요성이 간과될 경우 돌이킬 수 없는 결과를 초래할 수 있다.

환자를 진단하고 치료하는 과정에서 '의료과실Medical Error'이 발생하는 건 다른 나라도 크게 다르지 않다. 미국에서는 의료과실로 매년 25만 명 이상이 사망한다는 연구결과가 나왔다. 미국 존스홉킨스 대학교 마틴 매커리Martin Makary 교수팀은 1999년 이래 나온 연구결과들을 이용해 의료과실로 인한 평균사망률을 계산해 낸 다음, 연간 병원 입원환자 수 등에 적용하여 매년 25만 1,454명이 의료과실로 죽는다는 결과를 도출했다병원 내 사망자만 조사했고, 외래수술센터·요양원 등 다른 의료시설들까지 포함하면 수가 더 늘어날 것으로 추정된다.

그가 말하는 의료과실이란 '의도하지 않은 행동'이나 '의도했던 결과를 이루지 못하는 일'을 말한다. 구체적으로 종류를 살펴보면 오진, 필수검사 누락, 약물처방 실수, 시스템상 하자 등이다.

매커리 교수가 이 같은 연구논문을《브리티시 메디컬 저널BMJ》에 게제하면서 강조한 것은, 의료를 더 안전하게 운영할 수 있도록 안전한 시스템 및 인간 실수를 방지하는 요인에 대한 규정 및 절차를 만드는 것이다. "인간은 늘 실수하는 존재이며 실수하지 않으리라고 기대해서는 안 된다"는 말을 기억해야 한다참고 : 의료과실로 미국인 매년 25만 명 이상 사망한다/연합뉴스/2016.5.4.

진단검사의학은 의사가 실수하지 않고 환자를 치료해 환자 및 의료진 모두의 목적을 달성하도록 돕는 학문이며, 이 중요성을 인식하고 적극적으로 활용하는 것이 근거중심의학EBM ; Evidence Based Medicine이다.

EBM이라는 용어를 처음 만든 사람은 캐나다 맥마스터 대학교의 임상역학자인 고든 기얏Gordon Guyatt 교수이다. 그는 빈혈 의심 환자의 진단방법으로 종래의 무차별적인 검사에 의한 진단 과정을 과학

적 근거에 기반을 둔 진단 과정진단방법의 민감도·특이도 등 정량적인 데이터를 감안
해 검사를 진행하고, 이를 바탕으로 한 진단 과정과 비교하면서, 후자를 활용해서 객
관적·효율적인 진료를 해야 한다는 내용의 논문을 1991년에 발표했
다. 고든 기얏 교수는 1992년 '근거중심의학 그룹Evidence Based Medicine
Group'이라는 연구집단을 만들었는데, 이를 통해 EBM이 의학계에 정
착되었고 전 세계로 뻗어 나가게 되었다참고 : 근거중심의학 개괄(1)/청년의
사/2001.11.19.

1980년대 말에서 1990년대까지 SCL헬스케어 이경률 회장은 진단
검사의학과 인턴, 레지던트 과정을 착실하게 밟으면서 이런 세계 의
학계의 변화를 관심 있게 지켜보았다. EBM이야말로 그가 생각하는
정확한 진단 및 치료를 위해 반드시 구현되어야 하는 개념이었다.

진단·병리검사에 근거한 과학적 진단의 중요성이 알려지기 전, 의
사들은 임상 경험에 의지해 진단을 내리고 치료법을 결정하였다. 자
신의 경험 범주를 넘어가는 케이스를 만나면 아는 의사들에게 자문을
구했다. 이 같은 방법은 환자 개인에 맞는 맞춤 치료법을 찾아야 한다
는 대전제와 어긋난다. 환자마다 신체적 특징, 질환의 양상이 다른 만
큼 의사들의 주관적 경험이 아니라 환자 정보를 분석한 진단·치료가
필요한 것이다.

EBM에 대한 그의 관심을 확신으로 바꾼 계기는 1989년 전 국민 의
료보험 시대의 개막이었다. 1963년 의료보험법 제정으로 시작된 국

진단검사의학은 의사가 실수하지 않고 환자를 치료해 환자 및 의료진 모두의 목적을 달성하도록
돕는 학문이며, 이 중요성을 인식하고 적극적으로 활용하는 것이 근거중심의학(EBM)이다.

민건강보험제도는 1977년 직장의료보험제도가 시행되면서 차츰 대상자를 확대해 오다가 1989년 7월 도시지역 자영업자가 의료보험제도 대상자로 포함되면서 대변혁을 맞이한다. 명실공히 전 국민이 의료보험의 혜택을 보는 시대가 열리게 된 것이다.

의료보험제도의 도입은 빈부 차에 따라 의료 혜택의 차별을 겪던 국민들의 삶에 큰 변화를 가져왔으며, 동시에 의사들에게도 새로운 변화를 만들어 냈다. 과거에는 의사 자격증을 따면 병원에 취업하는 봉직의가 다수였는데 그때부터 자그맣게 병의원을 개업하는 의사들이 늘어나기 시작했다. 중소 규모의 병의원들은 진단을 위한 검사 시스템을 갖추는 데 한계가 있었다. 의사들이 환자를 진단하고 치료하는 데 집중할 수 있도록 정확한 검사를 해주는 전문적인 외주 검체검사기관에 대한 니즈가 증가하게 되었다.

이경률 회장은 EBM을 구현하여 환자와 의료진 모두가 행복한 세상을 만들고 싶다는 꿈을 꾸게 되었다. 진단검사의학과 전문의가 되고 교수로 임용돼 학생들을 가르치면서 신약개발 지원 서비스와 질병 진단기법을 개발하는 벤처기업을 창업하였다. (주)범양사를 창업한 아버지와 미국에서 병리학을 전공한 큰아버지가 1983년 설립한 임상병리 수탁검사기관 서울의과학연구소SCL의 경영을 도왔다. SCL은 병의원과 제약회사 등으로부터 검체검사를 의뢰받아 시행하는 전문 수탁기관이다. 검체란 병의원에서 환자를 진단·치료할 목적으로 환자로부터 채취하는 혈액·소변·대변·체액 등을 말하는데, 이러한 검체가 채취되면 검체검사 전문기관으로 보내져 검사가 실시된다. SCL은 국내에서는 아직 생경한 EBM 영역에서 독자적인 색깔을 내고 있었다. 그는 전문적인 의료서비스 기관을 만들겠다는 포부를 품게 되었다.

'20년 후 세계적인 표준이 되는 분석법과 검증력을 보유한 연구소를 만들 것이다!'

교수 직무와 사업을 겸업하느라 잠잘 시간이 부족할 만큼 바빴지만, 일이 재밌어서 힘든 줄도 모르고 뛰어다녔다. 교수로서 보는 EBM과 사업가로서 보는 EBM은 달랐다. 학교 실험실에서 "이런 검사법이 있으면 좋겠다"라고 생각한 것을 회사에서 실현할 수 있었다. 머릿속에서 학교 밖 세상에 대한 갈망이 점차 커졌다. 사람들이 아직 EBM을 잘 알지 못하지만, 앞으로 신약개발 등 다양한 분야가 발전하면 분석·임상 영역에서 전문적인 진단검사기관을 찾는 경우가 늘어날 거라고 확신했다. 진단검사의학의 무궁무진한 가능성을 남들보다 한발 앞서서 발견한 것이다.

작은 틈새 너머의 기회를 발견하다

기업이 명확한 비전을 갖는 건 성장 발전을 위해 필수적이다. 비전은 쉽게 말해 '미래상'이다. 미래에 되고 싶은 혹은 이루고 싶은 상像

으로, 그 기업의 철학이 고스란히 스며들어 있다. 그래서 비전이 있는 기업은 방향성이 명확하므로 생동감이 넘쳐흐른다. 직원들은 비전에 따라 목표를 정하고 일에 집중하며 서로를 격려하고 화합할 수 있다. 직원들의 역량이 나날이 자라날 뿐 아니라 외부의 뛰어난 인재들도 제 발로 찾아온다.

세계적 기업의 성공 스토리에서도 비전의 존재 이유는 분명하게 드러난다. 세계 최대 규모의 온라인 쇼핑몰 기업 아마존Amazon의 시작은 종이책을 판매하는 인터넷 서점이었다. 설립자 제프 베조스Jeff Bezos 는 일찍부터 e-커머스 분야에 관심을 가졌다. 그의 비전은 세상의 모든 물건을 온라인으로 판매하는 시스템을 만드는 것이었다. 1994년 베조스는 재고가 남지 않는 온라인 서점을 구상해 사업을 만들었다. 온라인 서점이 승승장구하자 음반 유통, 영화 등 순차적으로 영역을 확장하였고 이제 아마존은 명실상부한 세계 최대의 온라인 쇼핑몰 회사가 되었다. 이 회사의 시가총액은 9,235.55억 달러우리 돈으로 약 1,221조 3,048억 원(2023년 1월 기준)로 전 세계 기업 시가총액 5위에 달한다.

아마존의 성공은 제프 베조스가 확실한 비전을 품고 이에 맞게 치밀하게 전략을 세운 덕분이다. 아마존은 철저하게 고객 중심으로 운영된다. 어떤 온라인 쇼핑몰보다 짧은 배송기간, 더 많은 제품, 높은 할인율로 고객을 사로잡겠다는 게 목표이다. 고객들이 좋아하는 포인트를 쏙쏙 골라 공략하니 누가 이용하지 않을 수 있겠는가. 아마존의 매출규모는 동종업계 후순위 기업들에 비해 압도적으로 높다. 미국 온라인 쇼핑몰 순매출액 1위를 기록하고 있으며 2위인 월마트와 비교할 수 없을 정도이다_{2019년 기준 순매출액 아마존 737.5억 달러, 월마트 196.1억 달러.}

지금이야 아마존의 성공이 당연한 듯 말하지만, 당시 상황을 조금만 들여다봐도 그게 얼마나 대단한 일인지를 알 수 있다. 1990년대 초반은 개인용 컴퓨터 수요가 일어나고 인터넷 보급이 시작되었으나 오프라인 시장이 절대 우위에 있었던 시절이었다. 오늘날과 같은 형태의 스마트폰_{2007년 미국 애플사 스티브 잡스에 의해 발표된}도 없었다. 그런 환경에서 미래를 내다보고 사업을 선택하는 건 모험이었다. "나는 덜 안전한 길을 선택한다. 그 선택에 자부심을 느낀다."라는 제프 베조스의 말은 기업인들에게 꼭 필요한 정신이 무엇인지 알게 해준다.

기업의 비전은 CEO가 먼저 발견하고 품어야 한다. 이경률 회장은 청년 시절부터 끊임없이 국내외 의학계의 흐름을 관찰했고 남들이 미처 알아보지 못했던 새로운 기회를 찾아내 비전으로 삼았다. 자신의 비전이 확고했기에 직원들에게도 간결하고 명확하게 비전을 제시할 수 있었다. CEO가 확신이 없다면 직원들을 리드할 수 없고, 성장시킬 수 없다.

CEO와 임직원들이 같은 비전하에 똘똘 뭉쳐 일한 덕분에 SCL은 국내 최초 검체검사 전문기관이라는 영광에 더해 우리나라 최고의 EBM 선두 기관으로서 의료시장에 확고하게 자리매김하였다. 우리나라 전역의 의료기관들이 SCL에 검체검사를 의뢰하고 있으며 SCL의

일거수일투족을 주목하고 있다.

만약 "당신 회사의 비전이 무엇입니까?"라는 질문을 받는다면 무엇이라고 답하겠는가? 이에 답할 말이 5초 안에 생각나지 않는다면 당신은 회사를 다시 돌아보아야 한다. CEO를 비롯한 경영진이 모호하고 추상적인 말로 비전을 표현한다면, 듣기 좋은 단어들을 다 모아 놨어도 정작 뭘 하자는 것이고 어떻게 실천하자는 건지 알맹이는 쏙 빠져 있다면, 당신은 지체 없이 그 회사를 떠나도 좋다. 당신 자신이 그런 추상적인 말을 일삼는 CEO라면 스스로부터 뼈를 깎는 혁신을 해야 한다. 그러지 않으면 경쟁이 치열한 시장에서 도태되는 건 시간 문제이다.

24시간 불이 꺼지지 않는 검사실

오직 두 발로 뛰어다니던 나날들

우리나라는 다른 나라에 비해 국가건강검진제도가 잘 갖춰져 있다. 우리 국민들은 만 20세가 되면 2년에 한 번씩 국가건강검진을 받을 수 있다.생후 14~35일까지는 영유아초기검진, 생후 4개월~7세까지는 총 7회의 영유아검진, 만 6~18 세까지는 학생검진이 시행되고 있다. 국가건강검진에서 내 검체가 채취되면 그 이후에 어떤 과정을 거쳐 나에게 결과가 통보되는 걸까? SCL이 검체 검사를 의뢰받아 진행하는 과정을 추적해 보자.

병원에서 환자로부터 검체를 채취하면 검사의뢰서Slip를 작성하는데, 의료기관명 및 환자정보, 검체명, 검사명 등을 기록한다. 또한 검사에 참고해야 할 기타 정보들도 함께 적는다. 검사의뢰서 및 검체를 SCL 영업사원들이 병의원에 가서 수거한 후 회사 전산시스템에 접수

한다. 그리고 검체 전용 박스에 검체를 넣고 수송해 본사로 가져간다대구와 제주에는 지역 검사센터가 있어 그곳으로 수송한다. 매일 전국의 수많은 의뢰기관들로부터 검체가 도착하면 검사실에서는 포장을 열어 검체를 확인하고 검사 항목별로 검사를 실시한다. 검사결과는 인터넷을 통해 조회가 가능하고, 결과지는 전산 온라인망을 통해 출력하거나 담당 영업사원이 검사가 완료된 결과지를 직접 가져다준다. 의사는 결과를 통보받고 환자에게 해당 내용을 알려 준다.

SCL에는 현재 자동화운영·진단혈액·분자진단·임상미생물·진단면역·특수분석·세포유전·세포병리·조직병리·휴먼지놈·마이지놈·특수미생물분석 등 12개 검사팀이 운영되고 있으며, 총 4,000종이 넘는 검사가 실시된다.

오늘날에는 이렇게 체계적이고 빠르게 검체검사가 진행되지만, 과거에는 달랐다. SCL이 설립돼 운영되던 초창기, 즉 1980~1990년대에는 지금처럼 온라인 전산시스템이 구축되기 전이므로 체계적인 과정으로 진행되지 못했다. 지금은 검사의뢰서에 접수 바코드가 자동으로 입력돼 나오지만, 당시에는 의뢰서에 검사명만 표기돼 있어 영업사원들은 일일이 접수 바코드를 찾아서 수기로 기록해야 했다. 검사를 접수하는 데만 해도 많은 시간이 소요되었다.

검사자는 검사결과를 도트 프린터로 출력한 다음, 내용이 맞는지 교차 검수를 했다. 작업 형태가 이러하니 검사부 팀장들은 밤 10시에 퇴근할 때가 많았다. 그때는 인터넷이 활성화되었던 시절이 아니어서 대부분 검사결과는 페이퍼로 전달되었다. SCL 본사 사무실은 전국 각지의 병의원 원장들로부터 걸려 온 전화 때문에 매일 북새통이었다. 긴급한 검사일 때는 결과를 팩스로 전달했고, 그 외의 경우는 각 지역 영업사무소 보관함에 결과지를 넣었다. 그러면 영업부 직원들이 직접 거래처인 병의원으로 전달하였다.

검체를 운송하는 방법 또한 오늘날과 달랐다. 지금은 콜드체인시스템Cold Chain System을 갖춰서 검체를 포장하고 저온저장하여 운송 과정에서 검체가 손상되지 않고 최적의 상태를 유지할 수 있지만, 당시는

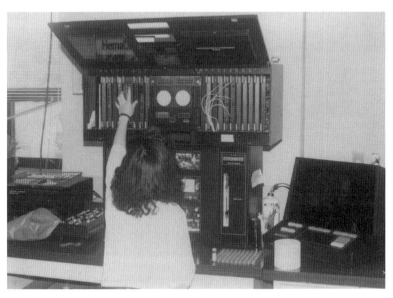

종로구 인사동 개원 당시

이런 기술력이나 시스템이 없었다. 영업사원들은 가까운 거래처의 경우 걸어 다니거나 자전거, 오토바이를 이용해서 검체를 수거해 갔다.

지방에서 검체가 올라오는 경우 고속버스를 이용하기도 했는데, 지역 영업소에서 담당자가 검체박스를 고속버스에 태우면 본사 담당자가 터미널에서 대기하고 있다가 전달받았다. 기사가 검체를 내려 주는 걸 깜박하여 다시 해당 지역으로 반송(?)되는 해프닝도 있었다. 만약 접수된 검체가 도착하지 않으면 본사 담당자가 지역 당직자를 통해 운송장을 확인하여 고속버스 기사를 찾아가서 검체를 찾아오기도 했다.

시간 싸움을 하는 영업사원들에게 있어 가장 낭패인 순간은 대설특보가 내려질 때였다. 차량이 움직이지 못할 정도로 눈이 많이 오면 차량을 포기하고 지하철을 이용해 검체를 운반했다. 지하철이 없는 지역에서는 제설작업이 끝날 때까지 발을 동동 구르다가 끝나자마자 차량으로 배송을 했다.

어떤 산업이든 초기에는 제반 여건이 열악하기 마련이다. 오늘날 검체검사 영역은 의학 기술과 IT 기술이 접목돼 최첨단 기술의 향연이라 할 만하지만, 초창기엔 발품으로 승부하던 시절이 있었다. 창업 초기 전국 거래처를 땀 흘리며 뛰어다녔던 이들의 이야기는 지금도 SCL 내부에 전설처럼 전해져 내려오고 있다.

스퍼트를 올려야 할 순간

달리기를 해본 사람은 알 것이다. 최고의 기록을 얻으려면 스타트를 잘해야 할 뿐 아니라 이후에도 속도를 잘 관리해야 한다는 사실을. 남들과 엇비슷하게 출발해 속도 차가 크지 않다면 달려가면서 스퍼트를 올려야 한다. 어떤 지점부터 스퍼트를 올려서 치고 나가야 간격이 벌어져서 1위로 골인할 수 있다.

경쟁에서 우위를 점하는 방법도 달리기와 크게 다르지 않다. 기술력이나 서비스 등에서 경쟁상대들과 비슷하게 출발했다면, 스퍼트를 끌어올려 앞서 나가야 한다. SCL은 국내 최초 독립 검체검사기관이라는 영예가 있었으나 그것만으로 경쟁에서 우위를 점한 게 아니었다. 앞에서 말한 것처럼 국내 검체검사 전문수탁기관들이 열악한 시스템으로 발품을 팔며 일했던 시절, SCL은 한발 앞선 서비스를 만들어 경쟁 기관들과의 격차를 벌릴 수 있었다. 1992년 야간 검사 시스템 도입 및 자동화 시스템이 그것이다.

당시 우리나라 검체검사기관들은 주간과 야간으로 나눠서 검체를 접수받았다. 야간에는 접수만 받았으며 접수 인력은 밤 12시 퇴근, 이 검체들에 대한 검사는 다음 날 오전에 시행되었다. 검사기관들에게는 당연한 선택이었으나, 검사를 의뢰한 병의원들 입장에서는 야간에 접수한 검사결과를 늦게 받는다는 불편함이 있었다. SCL은 서울 광진구 구의동에 있던 회사를 동대문구 답십리동으로 이전하면서 야간에도 검

서울시 용산구 동빙고동 확장 이전 당시. 국내 검체검사 전문수탁기관들이 열악한 시스템으로 발품을 팔며 일했던 시절, SCL은 한발 앞선 서비스를 만들어 경쟁 기관들과의 격차를 벌릴 수 있었다.

사를 실시하기로 결정하였고, 용산구 동빙고동으로 확장 이전과 함께 건물 1층에 자동화 시스템을 국내 최초로 도입하였다.

24시간 논스톱 검사 시스템과 자동화 시스템 도입, 이 두 가지는 당시 획기적인 사건이었다. 병의원에서 의뢰되는 검체들은 주간 검사보다 야간 검사가 훨씬 많았는데, 이를 검사하는 데 하루 정도 걸린다는 점이 당시 수탁검사기관들의 큰 고민거리였다. SCL은 야간 검사 인력을 충원하여 24시간으로 쉬지 않고 검사를 할 수 있는 시스템을 갖추었고, 여기에 자동화 시스템을 도입해 검사 시간을 앞당겼다. 그래서 하루 걸렸던 검사 시간을 8시간으로 단축하는 데 성공했다. 정오 이전까지 접수된 검사는 당일 오후 5시 30분까지 병의원에 보고되고, 정오 이후 접수된 검사는 다음 날 오전 8시 30분까지 보고할 수 있게 되었다. 의료기관, 특히 의원급에서는 자체 검사실을 운영하는 것과 마찬가지로 빠르게 결과를 받아 보게 된 것이다.

"SCL에서 갑자기 야간 검사를 하는 바람에 우리 거래처들이 아주 난리예요."

SCL 영업사원들은 거래처를 드나들면서 경쟁 기관 영업사원들을 마주칠 때마다 항의 아닌 항의를 접했다. 경쟁 기관들이 거래처들의 컴플레인에 시달렸다는 건 그만큼 SCL의 시도가 병의원들에게 획기적이었다는 얘기다. SCL은 창업 초기부터 10년간 적자에 시달렸지만, 과감하고 공격적인 투자로 스퍼트를 올려 타 수탁기관들보다 앞서 나갈 수 있었다. 현재 국내 수탁검체검사기관들 중에 야간 검사 시스템을 도입하지 않은 곳은 한 군데도 없다.

사람들이 어떤 상품이나 서비스를 이용하려고 할 때 가장 원하는게 무엇일까? 내 주문이 빨리 실행되는 것이다. 빠르고 정확하게 내주문이 실행되어 결과를 얻는 것이 모든 소비자들의 바람이다.

검체검사를 전문기관에 의뢰하는 병의원들 역시 마찬가지이다. 검사결과를 기다리는 환자들에게 답해 주고 치료 계획을 세우기 위해검사기관으로부터 되도록 빨리 결과를 통보받기를 희망한다. 모두 이런 희망을 알고 있었으나 쉽게 방법을 찾지 못했을 때 SCL은 위험을감수하고 과감하게 도전했고, 업계 전체의 변화를 이끌어 냈다.

우리 회사는 경쟁사와 확실하게 구별되는가

'퀀텀 점프Quantum Jump'라는 용어가 있다. 본래 '대약진' 혹은 '대도약'을 뜻하는 물리학 용어이다. 독일 물리학자 막스 플랑크Max Planck는"원자 등 양자Quantum, 量子가 에너지를 흡수해 다른 상태로 변화할 때서서히 변하는 것이 아니라 일정 수준에서 급속도로 변한다"면서 이를 '퀀텀 점프'라고 정의하였다. 양자가 에너지를 흡수한 상태는 들뜬상태, 에너지를 방출한 상태는 바닥 상태다. 양자의 변화는 다른 사물과 달리 연속성을 갖지 않으며, 계단을 오르내리듯 급속도로 변한다.주어진 에너지가 100이면 아무 변화가 없는데, 여기에 100이 더 주어지면 200 이상으로 도약한다.

경제학에서 이 개념을 차용해 기업이 단기간에 비약적인 성장이나 발전압축성장을 이루는 것을 가리키는 용어로 사용하고 있다. 사업 구조나 방식을 혁신하여 기존 환경의 틀을 깨고 대약진 혹은 대도약하는 창조적 기업을 퀀텀 점프로 비유한다. 스포츠에서도 도저히 불가능할 것 같은 목표를 성취하는 걸 퀀텀 점프라고 부른다참고 : 한경경제용어사전 & 한국개발연구원.

많은 기업들이 퀀텀 점프를 하기 위해 노력한다. 잘나가고 있는 기업들조차 방심해서는 안 된다는 사실을 알고 있다. 지금 이 순간 어디선가 자기 회사를 뛰어넘을 만한 기술을 만들어 내고 있는 이가 있을지도 모르니까. 잘나가는 회사들이 시장에 신규 진입한 스타트업에 뒤처져 전세가 역전되는 일은 생각보다 흔하다. 그래서 기업들은 언제나 경쟁사를 압도할 수 있는 성장 전략을 만들고자 골몰한다.

퀀텀 점프를 하고 싶다면 경쟁사들과의 차별화를 시도하지 않으면 안 된다. 차별화 전략이란 제품이나 서비스의 성질, 기술 등이 눈에 띄게 달라서 소비자들에게 만족감을 줌으로써 경쟁에서 비교우위를 점하는 걸 말한다. 독보적인 무기로 경쟁사들을 앞지르는 것이다. 소비자들은 남다른 제품/서비스를 만나고 그 가치를 인정할 수 있다면 기꺼이 값을 지불한다.

차별화 전략을 통해 퀀텀 점프에 성공한 기업의 사례는 많다. 스타벅스Starbucks는 그중에서도 대표 사례로 꼽힌다. 스타벅스의 차별화 전략은 여러 가지가 있다. 가장 돋보이는 점은 여성 고객을 주 타깃층으로 삼았다는 것이다. 커피를 좋아하는 건 남녀 불문인데 스타벅스는 젊은 여성 고객들을 겨냥해 매장 공간디자인부터 커피 종류, 서비스 방식 등을 정했다. 스타벅스에서는 '나만의 메뉴'를 만들 수 있다. 고객들은 커피 크기부터 샷, 시럽, 향, 우유 등을 취향에 맞게 선택할 수 있다. 소비자들은 자신이 만든 메뉴를 SNS를 통해 공유한다. 출시됐다 하면 매진되는 텀블러, 머그컵, 다이어리 등과 같은 상품들 역시 여성 고객들에게 반응이 폭발적이다. 새 상품이 출시되면 매장마다 사람들이 줄을 서고, 온라인 마켓에서는 정가보다 비싼 가격에 거래될 정도로 인기가 높다.

스타벅스는 진동벨을 사용하지 않는다. 고객은 스타벅스 어플에 닉네임을 등록할 수 있는데, 매장에 가서 주문하면 영수증에 닉네임이 찍혀 나온다. 음료가 나오면 종업원은 닉네임으로 고객을 부른다. 고객과 좀 더 가깝게 소통하기 위한 '콜 마이 네임Call My Name' 서비스이다. 재미있는 닉네임 덕분에 고객과 종업원이 함께 웃음을 터뜨리기도 한다.

스타벅스는 타깃층을 명확하게 선정한 다음 그들의 취향에 맞는 차별화 전략을 짰다. 젊은 세대는 자기 개성을 드러내기 좋아하고 문화를 즐기고 싶어 한다는 점을 파악하여 스타벅스 매장에 오면 그런 욕구를 다양하게 충족할 수 있도록 서비스를 구축하였다. 가치를 인정하기만 하면 돈을 아끼지 않는 요즘 소비자들의 라이프 스타일을 정확하게 겨냥한 차별화라고 할 수 있다.

스타벅스는 차별화 전략을 통해 커피 브랜드들 중에 1위 자리를 굳건히 지켜 가는 중이다. 2021년 《한경 비즈니스》가 MZ세대 남녀 1,000명을 대상으로 선호하는 커피 프랜차이즈 브랜드에 관해 설문조사를 실시한 결과, 스타벅스가 53.2%로 1위에 올랐다_{참고 : MZ세대가 뽑은 톱 브랜드 15/매거진한경/2021.10.27.}

스웨덴의 다국적 가구 브랜드 이케아_{IKEA}는 2014년 한국 시장에 처음 진출해서 한국 가구업계를 긴장시켰다. 그동안 한국 메이저 가구 회사들은 고급스러운 원자재와 디자인을 내세웠다. 고객이 가구를 구입하면 기사가 가구를 가져와서 조립, 배치까지 모두 해준다. 고객을 대접하고 우대하면서 그에 걸맞은 가격을 받아 내는 방식이다.

그러나 이케아는 반대의 방법을 썼다. 이케아가 내세운 차별화 전략은 심플한 디자인, 적당한(?) 품질, 저렴한 가격이었다. 타 가구사들이 가구를 조립하는 서비스를 제공하는 데 반해, 이케아는 고객 스스로 조립해서 만드는 DIY 상품으로 비용을 낮추었다. 고객들은 이케아 매장에 가서 완제품을 보고 가구를 선택한 다음 직접 운반해 와서 설명서를 보고 조립하여 완성시킨다. '이 제품을 10년, 20년 쓰기는 힘들겠다'라는 생각을 하면서도 저렴한 가격과 내가 직접 가구를 조립했다는 사실에 만족감을 느낄 수 있다. 어린 시절 조립식 장난감을 완성했을 때의 쾌감을 이케아 가구를 조립하면서 경험한다. 이 외에도 한국의 주거공간을 고려해 매장에 소품 배치를 늘렸던 점, 단지 가구 매장이 아닌 복합 쇼핑몰로 구성했다는 점 등의 전략도 주효했다.

이케아의 전략은 고객들이 대접받는 걸 선호한다는 일반 통념을 시원하게 깨부수었다. 이케아가 한국 시장에 성공적으로 안착할 수 있었던 것은 철저한 시장 분석을 통해 고객들의 니즈를 확실하게 파악했기 때문이었다. 이케아는 2014년 한국에 진출한 이후 2021년도까지 매년 성장세를 기록하고 있다 2022년엔 코로나19 팬데믹으로 인해 매출이 전년 대비 10% 감소했다.

미국의 IT 기업 애플Apple의 성공 요인은 디자인이다. 1976년 애플을 창립한 스티브 잡스Steve Jobs는 1985년 실적 부진으로 쫓겨났다가 애플이 최악의 경영 위기를 맞았던 1997년에 다시 복귀했다. 이때 그는 디자인 혁신을 통한 차별화에 온 힘을 기울였다. "디자인은 디자이너에게 맡기고 엔지니어는 그 디자인에 맞게 만든다"라는 잡스의 말은 디자인을 바라보는 그의 시선을 알게 해준다. 잡스는 제품을 예술품이라 생각했고, 기술에 디자인을 맞추는 게 아니라 디자인에 기술을 맞추는 디자인 중심의 사고를 했다.

잡스는 영국 디자이너 조너선 아이브Jonathan Ive와 손잡고 '아이맥iMAC'을 만들었다. 기존 컴퓨터에서 한 번도 볼 수 없던 누드 디자인으로, 속이 훤히 비치는 청록색의 외형을 본 사람들은 열광하지 않을 수 없었다. 애플은 아이맥에 이어 휴대용 음악 플레이어 '아이팟iPod'을 출시했다. 흰색의 심플한 디자인, 간편한 작동방식, 작지만 엄청난 용량의 아이팟까지 히트를 치면서 애플은 경영난을 극복하고 재기에 성공했다. 디자인으로 차별화를 꾀하고자 했던 잡스의 의도가 적중한 것이다.

스티브 잡스가 개발을 주도한 아이맥, 아이팟, 아이폰, 맥북에어 등은 기능 향상을 가장 중요시했던 IT 업계에 신선한 충격을 주었다. 고객들은 기능뿐 아니라 디자인에 대한 욕구도 상당히 크게 갖고 있다는 사실을 확인시켜 준 사건이었다.

차별화 전략에 성공한 기업들은 퀀텀 점프를 하여 업계 선두로 올라설 수 있다. 1990년대 SCL이 경쟁 기관들보다 앞서 나갈 수 있었던 것은 병의원이 꼭 필요로 하는 서비스를 선제적으로 구축했기 때문이다. 시장과 고객에 대한 치밀한 분석을 바탕으로 핵심 경쟁력을 갖춰 퀀텀 점프를 해낼 수 있었다.

경쟁사들보다 빠르게 퀀텀 점프를 하게 되면 여러 가지 이점을 누릴 수 있다. 선제적인 차별화 전략은 누군가를 따라잡을 목적으로 하는 차별화보다는 비용이나 시간 투자 면에서 부담이 적다. 뒤따르는 경쟁사들과 간격을 벌려 놨기 때문에 한동안 쉽게 따라잡히지 않을 것이다. 누구보다 먼저 고객의 욕구를 읽었다는 점 때문에 고객들의 신뢰도 또한 상승할 것이다. 가격을 깎는 방식의 출혈적 경쟁을 피할 수 있다는 이점도 있다.

이제 기업에게 차별화 전략이 얼마나 중요한지 이해했을 것이다. 그런데 한 가지 더 알아 두어야 할 게 있다. 무조건 차별화를 꾀한다고 해서 반드시 기업이 흥하는 건 아니라는 점이다. 잘못된 차별화 전략은 자칫 회사의 존립을 위태롭게 할 수 있으므로, 반드시 흥할 수 있는 차별화 전략을 구사해야 한다.

회사를 위태롭게 하는 차별화 형태란 어떤 걸까?

첫째, 지나치게 과도한 자금을 투자하는 것이다. 차별화를 한다고 곧바로 매출이 증가하는 게 아니다. 새로운 제품이 고객을 설득해 실제 매출로 이어질 때까지는 어느 정도의 시간이 필요하다. 기업은 고객이 대량 유입될 때까지 버텨 내야 한다. 만약 투자비용이 과도하면 이런 시간을 견디지 못하고 무너질 수 있다.

둘째, 차별화 전략을 위해 투입한 자금이 회수되지 못할 때이다. 차별화 전략으로 제품/서비스가 업그레이드되었다면 응당 고객들에게 청구될 가격도 높아져야 한다. 남다른 서비스를 제공하는 만큼 그 대가를 고객에게 요구하는 건 정당한 일이다. 만약 고객들에게 받을 것으로 예상되는 금액이 투자비용보다 낮으면 고스란히 회사의 리스크로 남는다. 이렇게 되지 않으려면 차별화 전략 수립 당시부터 투자비용과 회수비용을 정확하게 예상해야 하고, 그에 앞서 고객이 이전보다 더 많은 비용을 기꺼이 지불할 정도로 가치 있는 차별화 전략을 수립해야 한다.

셋째, 차별화를 했다고 하지만 고객들이 별로 체감하지 못할 때이다. 고객의 니즈를 제대로 읽지 못해 의미 없는 방식으로 차별화 전략을 수립한다면 누가 고비용을 주고 제품/서비스를 구입하겠는가. 투자비용을 모두 버리게 되고 말 것이다.

이러한 세 가지 방식의 차별화는 회사를 성장시키지 못한다. 퀀텀 점프를 이룰 수 있는 차별화 전략은 고객이 원하는 게 무엇인지 철저하게 따져 봄으로써 가능해진다. 아울러 기업을 운영해 나가는 데 있어 꼭 필요한 혁신인지를 점검해야 한다. 이 두 가지를 충족시키는 전략이라면 모든 역량을 집중하여 승부수를 걸어 볼 만하다.

차별화란 결국 남들보다 먼저 낯선 길을 걸어가는 것이다. 아무도 걷지 않은 미지의 영역에 먼저 발을 내딛는 건 쉬운 일이 아니다. 과감한 자본 투자, 인력 투입이 불가피하다. 내부직원들은 새로운 업무에 대한 부담을 짊어져야 한다. 이런저런 어려움을 감수하는 것 외에 결과를 장담할 수 없다는 점도 두렵다. 성공할지 실패할지는 해봐야 안다는 것. 많은 기업들이 차별화 전략이 필요한 걸 알면서도 망설이는 건 이 때문이다.

그럼에도 불구하고 기업은 도전해야 한다. 새로운 시도가 두려워 뒷걸음친다면 남들의 뒤만 쫓아가는 신세가 될 것이기 때문이다. SCL은 창업 후 상당 기간 경영이 안정화되지 않아 힘들었지만, 차별화 전략을 통해 경쟁 기관들보다 확고한 비교우위의 위치에 섰다. 만약

SCL이 경영상 어려움을 핑계로 차별화 전략에 관심을 두지 않았다면 오늘날과 같은 업계 최고 글로벌 의료기관으로서의 영광을 누리지 못 했을 것이다.

현실에 안주하면서 경쟁사를 모방하는 데 급급하기보다 자신만의 확고한 경쟁력을 만들자. 끌려가는 것보다 아예 새로운 판을 만드는 게 경쟁에서 승리할 가능성이 훨씬 높아진다. '기회는 준비된 자들에 게 찾아온다'는 진부하고도 선명한 진리를 잊어서는 안 된다.

'최초'라는 이름의 가치

어떻게 그런 생각을 할 수 있을까

"이 일은 내가 가장 먼저 했습니다."

창업이나 성공 스토리에는 누군가의 최초 시도가 담겨 있는 경우가 많다. 아무도 생각하지 못한 혹은 시도치 않은 걸 처음으로 감행한 사람에게는 대중의 박수가 쏟아진다. 당사자 스스로도 세계_{혹은 국내} 최초라는 자부심에 가슴이 뿌듯할 것이다.

'1등' 혹은 '최초'가 갖는 의미는 내 존재감, 가치를 가장 확실하게 드러낼 수 있다는 것이다. "일등만을 기억하는 더러운 세상"이라는 과거 어느 개그맨의 외침처럼, 사회와 대중은 1등에게 가장 큰 호감을 갖는다는 건 부정할 수 없는 사실이다. '숱한 역경과 시련을 이겨 낸', '노력을 아끼지 않는', '성실한', '탁월한' 등등의 온갖 매혹적인 수식어들이 부수적으로 따라붙는다.

기업 현장에서 '일등', '최초'라는 단어는 소비자들의 신뢰를 획득하기에 가장 뛰어난 효과를 발휘한다. 소비자들은 그 분야에서 누가 자신들을 위해 가장 많은 노력을 하는지 알고 싶어 하기에 이것만큼 매력적으로 느껴지는 건 없다. 그래서 기업들은 '업계 1위'란 타이틀을 차지하기 위해 최선을 다한다. 스포츠 경기에서 선수들이 금메달을 따기 위해 몸부림치는 것도 그 자리에 올라가면 스스로가 가장 빛날 거라는 걸 알기 때문일 것이다. 설혹 나중에 순위가 뒤바뀌더라도 역사의 한 페이지를 장식했던 그 순간만큼은 영원하다.

SCL은 빛나고 영광스러운 '최초'란 수식어를 여러 번 따냈다. 앞서 국내 최초로 야간 검사 및 자동화 시스템을 도입했던 것 외에도 검체 검사기관으로서 탁월성을 보여 준 사례가 더 있다.

첫 번째는 국내 최초의 PCR 검사 도입이다. PCRPolymerase Chain Reaction, 중합효소연쇄반응 기술은 1983년 미국 생화학자 캐리 멀리스Kary Banks Mullis가 처음으로 개발했는데, 유전물질 관련 실험에서 널리 사용되고 있다. 소량의 특정한 유전물질을 엄청나게 증폭시킬 수 있어서 유전질환 진단, 세균·바이러스·진균의 DNA 실험을 통한 감염성 질환 진단에 유용한 검사법이다. 멀리스는 PCR 기술 개발로 1993년 노벨 화학상을 수상했다.

멀리스는 이 기술을 개발하고 나서 미국 시터스Cetus사에 특허권을 넘겼고, 시터스사는 이 기술을 1985년 특허 출원핵산서열의 증폭 방법하였다. 이후 스위스 로슈Roche사가 시터스사에 3억 달러를 지불하고 PCR 기술을 사들여 전 세계에 상업화시켰다. PCR 기술은 계속 발전을 거듭하여 다양하게 활용되고 있다. 메르스 유행, 코로나19 팬데믹 때도 PCR 검사법을 활용해 감염자를 찾아낼 수 있었다.

오늘날 시선으로 본다면 검체검사기관에서 PCR 검사를 도입하는 게 하나도 이상할 게 없이 당연한 일이다. 그러나 당시엔 그렇지 않았다. 해외에서는 진단검사 분야가 이슈를 만들고 있었지만, 우리나라에서는 다소 생소하고 중요성이 잘 알려지지 않았다. 대학병원들조차 PCR 검사를 도입하지 않았던 시절이었다. SCL은 분자진단 분야의 성장 가능성을 확신했기 때문에 1992년 PCR 검사법을 도입하고 분자진단연구센터를 설립해 국내 진단검사 영역의 새 장을 열었다.

두 번째는 CAPCollege of American Pathologists, 미국병리학회 인증을 국내 최초로 받은 것이다. CAP는 1946년 미국에서 설립된 세계 최대 규모의 임상병리검사 품질인증기관으로, 미국 진단병리학자와 과학자 등을 주축으로 구성되었다. 임상병리검사실에 대한 기준을 수립해 궁극적으로 환자를 치료하는 데 최상의 진단검사 결과를 제공하는 걸 목적으로 한다.

1961년 CAP는 검사실 표준화 및 인증 제도를 개발하여 1962년부터 전 세계 임상병리검사실에 대하여 인증을 부여하는 작업을 진행하고 있다. 검사 실적, 시설 및 장비 상태, 직원들 관리, 안전 기준 등 여러 부문을 꼼꼼하게 심사받아 통과해야 한다. CAP에서 인증을 받은 기관은 임상병리검사실 정도관리正道管理의 국제기준에 부합한다고 볼 수 있다.

SCL은 1998년 CAP 인증을 국내 최초로 획득했다. 또한 이것 외에도 우수검사실신임인증제도CAP에 비견되는 국내 인증제도로, 대한진단검사의학회가 주관하여 1998년 미국 CAP의 인증 시스템을 벤치마킹해 국내 의료환경에 맞춰 만든 제도이다, ISO 15189국제표준화기구(ISO)가 제정한 의학실험 분야 국제 표준인증제도로, 의학실험기관에서 이뤄지는 임상검사가 기술적 요건과 신뢰성을 갖췄음을 보장한다 등 국내외 유수의 인증제도에 지속적으로 참여해 검사의 질을 수준 높게 관리하여 경쟁력 확보에 힘쓰고 있다. 검사의 정확성, 안전한 검사실 환경, 검사자들의 실력 등을 공인받는 것은 검체검사기관에게는 필수적이다. SCL은 국내 어떤 기관보다 먼저 CAP 인증을 받음으로써 병의원들과 제약회사들에게 신뢰성을 확보할 수 있었다.

그 당시에 어떻게 그런 생각을 할 수 있었을까?

SCL의 발자취를 더듬어 가다 보면 자연스레 떠오르는 의문이다. 아무도 국내에서 EBM에 대한 가능성을 보지 못할 때 최초의 시도를 할 수 있었던 것은, 선진 의학계의 기술 연구를 꾸준히 관찰하고 연구한 덕분이다. 우물 안 개구리처럼 내가 속한 그라운드만 본 것이 아니라 바깥세상으로 눈을 돌려서 민감하게 관찰하고, 관찰한 것들을 파

검사의 정확성, 안전한 검사실 환경, 검사자들의 실력 등을 공인받는 것은 검체검사기관에게는 필수적이다. SCL은 국내 어떤 기관보다 먼저 CAP 인증을 받음으로써 병의원들과 제약회사들에게 신뢰성을 확보할 수 있었다.

고들어 연구하며, 어떻게 하면 우리 시장에 접목해 새로운 가치를 창조할 수 있는지를 궁리한 것이다. 이런 걸 보면 참신한 아이디어 혹은 시도는 하늘에서 뚝 떨어지는 행운이 아니라 누군가의 끊임없는 노력의 산물이라는 점을 깨닫게 된다.

지금 이 순간에도 자기 인생을 바꾸고 세상을 바꿀 '뭔가'를 갈망하는 이들이 많다. 그런 걸 원한다면 세상을 끊임없이 관찰하고 탐구하는 게 먼저다. 사람들은 항상 먼 곳에서 답을 찾아 헤매지만 의외로 가까운 곳에 답이 존재한다. 기업이 답을 찾아야 할 곳은 시장이다. SCL은 시장 관찰을 게을리하지 않았기에 '국내 최초'라는 영광스러운 타이틀로 선도 기업의 위치에 올라설 수 있었다.

선즉제인(先則制人)의 전략

남들이 시도치 못한 걸 최초로 시도한 기업들은 해당 산업을 선도하는 위치를 차지하게 된다. 고객들로부터 신뢰성을 확보하고, 기업에 대한 인지도가 높아지며, 매출이 상승한다. 경쟁 기업들보다 시장 점유율이 높아지면서 경쟁에서 우위를 점할 수 있다. 이를 경제학에서는 '선점우위효과'라고 한다.

코카콜라Coca-Cola는 전 세계 음료 시장에서 가장 오랫동안 선점우위효과를 누리는 기업이다. 코카콜라의 탄생은 1886년 미국에서였다.

약사 존 스티스 펨버턴John Stith Pemberton은 사람들에게 맛있고 피로회복에 좋은 음료를 만들어 주고 싶어서 코카나무 잎 추출물과 콜라나무 열매 추출물, 향료 등을 섞어 새로운 음료를 만들었다. 그는 이것을 약국에서 한 잔에 5센트씩 받고 판매했지만, 반응은 썩 좋지 않았다. 그러나 펨버턴이 사망한 후 그로부터 코카콜라에 대한 권리를 넘겨받은 약제상 아사 캔들러Asa Candler는 프랭크 로빈슨Frank Robinson, 펨버턴의 직원이었다과 함께 1919년 코카콜라 컴퍼니를 설립하였는데, 이들의 탁월한 마케팅 능력코카콜라라는 이름, 브랜드 로고, 병 모양을 만들었다으로 음료업계에서 선두를 차지하였다. 1898년 약사 캘러브 브래덤Caleb Bradham이 펩시콜라를 만들어 경쟁체제가 구축되었으나, 코카콜라의 아성을 무너뜨리진 못했다. 코카콜라는 지금까지도 전 세계 그 어떤 음료회사도 따라잡지 못하는 맛과 비주얼로 확고하게 자리하고 있다.

제프 베조스가 설립한 아마존은 초창기 온라인 쇼핑몰 기업들 중에서도 대규모 전자상거래를 구현하고 성공적으로 확장했다고 평가받는 기업이다. 앞서도 언급한 것처럼 아마존의 매출액은 미국 내 다른 온라인 쇼핑몰들과 비교할 수 없을 만큼 어마어마하다.

에어비앤비Airbnb는 브라이언 체스키Brian Chesky, 조 게비아Joe Gebbia, 네이선 블레차르지크Nathan Blecharczyk 세 사람이 의기투합해 2008년에 만든 최초의 숙박 공유 플랫폼이다. 에어비앤비가 탄생한 후 전통적인 숙박업은 위기를 맞이했다. 에어비앤비에게 세계 최초라는 타이틀을 붙일 순 없으나과거에 그와 유사한 형태의 플랫폼이 있었다, 숙박공유업을 선도한 기업으로서 현재 세계 최대 규모를 자랑하고 있다. 전 세계 곳곳에서 유사한 숙박 공유 플랫폼들이 생겨났지만, 에어비앤비의 아성은 지금까지 유지되는 중이다.

넷플릭스Netflix는 영화나 TV 프로그램을 실시간으로 받아서 재생하는 온라인 스트리밍 개념을 대중화한 선도 기업이다. 당시엔 대여점이 인기였고비디오 대여점에서 DVD 대여점으로 변화했다 넷플릭스 역시 대여 사업으로 시장에 진입했다. 고객들이 직접 매장에 방문하는 것보다 집에서 받아 보면 훨씬 편할 거라 생각해 DVD를 우편으로 배송하고, DVD를 제 날짜에 반납하지 않았을 때 물어야 하는 연체료를 폐지하는 등 경쟁업체와 차별화된 서비스를 제공해 좋은 반응을 얻었다. 그러나 DVD 대여 사업의 인기가 점차 시들해지자 2007년 온라인 스트리밍 서비스로 비즈니스 모델을 완전히 전환하였다.

현재 넷플릭스는 OTT 산업에서 세계 최고로 손꼽히고 있다. 넷플릭스에 가입한 가구는 전 세계 2억 3,100만 가구, 우리나라는 약 500만 가구로 집계된다참고 : 나무위키 '넷플릭스'. 넷플릭스가 성장하는 사이 미국 최대 DVD 대여 체인점 블록버스터Blockbuster는 2010년 파산하고 말았다.

넷플릭스의 성공 요인은 콘텐츠, 가격, 추천 엔진 등 여러 가지를 들 수 있다. 처음엔 이미 제작된 작품들을 거래했는데, 2011년부터 아예 직접 제작에 나서는 등 소비자들의 기호에 맞는 콘텐츠 공급에 열을 올리고 있다. 또한 월정액 요금을 내면 무제한으로 볼 수 있으며, 동시에 4명이 이용 가능한 프리미엄 요금제도 운영하고 있다. 빅데이터로 고객 취향을 분석해 작품을 추천하는 엔진은 고객 맞춤 서비스 차원에서 좋은 반응을 얻었다.

여러 기업들의 사례를 통해 우리는 경쟁사들을 젖히고 빠르게 선두로 치고 올라가는 전략이 얼마나 중요한지 알 수 있다. 사마천이 집필한 《사기史記》의 〈항우본기項羽本紀〉에 소개된 '선즉제인先則制人' 고사에서도 알 수 있듯이, 상대보다 먼저 움직이면 상대를 제압할 수 있다.

진나라 2대 황제 원년, 폭정에 분노한 농민들이 들고 일어나 여러 지역을 점령하고 있었다. 농민군의 연이은 승전보를 접한 회계 태수 은통이 항우의 숙부인 항량에게 이렇게 말했다.

"강서 지역의 모든 이가 진나라에 반기를 들었으니 하늘이 진나라를 버린 것 같습니다. 내가 알기론 먼저 선수를 치면 상대를 누를 수 있고先則制人, 뒤늦게 하면 상대에게 제압당한다고後則人制 합니다."

은통은 항량에게, 항량과 환초 두 사람을 선봉장으로 삼아 군사를 일으켜 농민군에 합류할 것을 제안했다. 항량은 초나라의 귀족 가문 출신으로 병법에 뛰어난 인물이었다. 은통의 말을 들은 항량은 조카인 항우와 짜고 은통과 함께한 자리에서 항우로 하여금 은통을 칼로 찔러 죽이게 했다. 항량은 스스로 회계 태수가 되었고 항우를 장수로 삼아서 진나라로 진격했다.

은통은 진나라의 국운이 기울고 있음을 알고 선즉제인하려고 했지

만, 항량이 그보다 더 빨리 선수를 친 것이다^{항량은 진나라로 진격하던 중 진나}
_{라군의 기습으로 전사한다.} 난세에 누가 더 먼저 세상의 흐름을 읽느냐에 따
라 운명이 바뀌기 때문에 야심가들 사이에서 연합과 배신이 난무했다.
선즉제인을 빨리 하는 이가 치열한 경쟁을 뚫고 권력을 움켜쥐었다.

선두를 치고 나가면 확고한 우위를 점할 수 있다. 여러 기업들이 각
축을 벌이고 있을 때 "저 회사가 최초_{원조}야"라는 말 한마디는 소비자
들의 마음을 흔들기에 충분하다. 원조 기업이 계속 실력을 유지해 소
비자들의 기대에 부응하면 그들은 쉽게 다른 기업 또는 제품으로 갈
아타지 않는다. 원조 기업을 바싹 뒤쫓는 후발 기업들에게는 거대한
장벽이나 다름없다. 진입장벽을 넘어서기 위해서는 소비자들의 마음
을 사로잡는 획기적인 제품을 만들어야 할 테고, 많은 자본이나 인력
투입이 불가피하게 된다. 후발 기업들이 이런 부담감을 느낄수록 선
두 기업의 자리는 공고하게 굳어진다. 그동안의 피땀 어린 노력은 고
객들의 뜨거운 사랑과 매출 상승이라는 결과로 보상받는다. 고생 끝
에 얻은 열매는 달콤하다.

승자의 저주를 피하려면

최초의 시도로 선두를 차지하는 건 매우 어려운 일이다. 그러나 선
두를 차지했다고 해서 영원무궁하게 그 회사가 잘나가는 건 아니다.

기업 역사를 살펴보면 '최초'라는 이름으로 역사에 한 획을 그었음에도 불구하고 연기처럼 사라진 기업들이 존재한다.

1991년 설립된 통신기기 제조업체 팬택Pantech은 무선호출기삐삐 제조로 시작하여 1994년 국내 최초 문자호출기를 출시하였고, 뒤이어 음성호출기와 광역호출기도 내놓았다. 삐삐가 선풍적인 인기를 끌면서 매출이 가파르게 상승했다. 1997년엔 휴대전화 단말기 제조업에 진출했고, 이듬해에 기술력과 인지도 모두 뛰어난 현대큐리텔을 인수하였다. IMF 사태로 많은 기업들이 고전하고 있을 때 팬택은 국내 휴대전화 시장 3위에 자리 잡으며 승승장구했다.

팬택의 위기는 2005년 SK텔레텍스카이텔레텍을 인수하면서 시작되었다. 기업 인수로 인해 짊어진 부채가 늘어나면서 팬택을 무겁게 짓눌렀다. 결국 팬택은 2006년 1차 워크아웃을 맞았고 이듬해 상장 폐지되었다. 2010년 스마트폰 사업으로 진출한 후 신제품을 내놓으면서 공격적인 마케팅을 펼쳐 소생하는 듯 보였지만, 2014년 2차 워크아웃을 맞이했다. 2017년 10월, 방송 및 무선통신장비 제조업체 팬택은 최종 청산 절차를 밟으면서 역사 속으로 사라졌다현재 팬택은 특허수익화 전문기업 '팬텍'으로 부활하였다. 팬텍은 이동통신 분야 과거 팬택이 보유했던 특허를 비롯해 무선통신 및 AR 분야 특허를 인수했으며, 수익화 전략 일환으로 국내외에서 여러 건의 특허소송을 진행하고 있다. 팬택의 사례는 승자가 된 후 경영 관리를 제대로 하지 못했을 때 승리가 오히려 저주가 될 수도 있음을 알게 해준다.

승자의 저주Winner's Curse는 케이펜E. C. Capen, 클랩R. V. Clapp, 캠벨W.

M. Campbell 세 명의 기술자가 1971년 발표한 논문에 처음 등장하였다. 1950년대 미국 텍사스주 해양 석유채굴권을 따기 위한 경매 현장에서 낙찰가가 실제 가치보다 과도하게 결정되어 낙찰받은 석유회사들이 경매가 끝난 후 오히려 손해를 보는 상황이 발생한 데서 유래한다. 경매에서 이겼더라도 실제 가치보다 경매 가격을 높게 불러서 손해를 보거나, 실제 가치보다 낮게 불러서 기대보다 낮은 수익을 올리는 상황이 '승자에게 내려진 저주' 같다는 뜻에서 이름이 붙었다_{참고 : 승자의 저주/KDI경제정보센터 시사용어/차성훈}.

승자의 저주는 기업 현장 곳곳에서 나타난다. 팬택처럼 공격적으로 인수합병에 나섰다가 자금 압박에 휘청거리는 기업 사례는 제법 흔하게 발견된다. 업계 선두로 올라서겠다는 조급함에 무리한 옵션을 걸고 투자를 했다가 감당하지 못하고 경영난을 겪는 기업들도 있다.

선두를 차지했던 기업이 왜 승자의 저주에 걸려드는 걸까? 가장 큰 이유는 기존의 성공 방식에서 벗어나지 못해서이다. 창업 이래 몇 번의 성공을 거치게 되면 CEO는 지금까지의 방식이 옳았다고 철석같은 믿음을 갖게 된다. 언제나 고객의 니즈를 바라봐야 한다는 기업인의 대원칙을 무시하고 자기 경험, 자기 확신에 사로잡히는 것이다. '내가 옳다'고 믿는데 시장의 움직임, 고객 반응이 눈에 들어올 리 없다.

CEO의 경직된 마인드는 구성원들에게도 영향을 미친다. 경영진이 참신한 아이디어나 혁신에 관심이 없는데 직원 홀로 열정을 발휘하기는 어렵다. 결국 모두가 복지부동伏地不動의 늪에 빠진다. 조직은 더 이상 변화하지 못하고 도태하게 된다. 화려하게 피어났지만 뿌리가 잘려 버렸기에 시들고 마는 것이다.

시장은 생명체와 같다. 매 순간 변화하고 자라난다. 이런 시장에서 기업이 살아남기 위해서는 무엇보다 고객들의 마음을 관찰하는 게 먼저다. CEO는 '내가 진리'라는 교만을 버리고 겸손하게 현장 실무자들의 이야기를 경청하고 그 속에서 고객의 바닥 민심을 읽어 내야 한다. 기업이 치르는 전쟁은 한 번 승리로 끝나는 게 아니므로 교만에 빠진다면 얼마든지 1위 자리에서 끌어내려질 수 있다.

또한 성공을 거둔 후에도 다음 목표를 설정하여 연구와 투자를 지속적으로 해 나가야 한다. 기업에게 목표가 없다면 성장도 없다. 목표가 없는 기업엔 훌륭한 인재들이 머물지 않는다. CEO는 구성원 모두에게 비전을 심어 주면서 그에 따른 단계별 목표를 설정해서 끊임없이 노력을 경주해야 한다.

고객의 마음을 속속들이 읽으려는 노력 그리고 단계별 목표 설정, 이 두 가지가 불확실한 시장환경 속에서 승자의 저주를 피하는 가장 좋은 방법이다.

2장
담금질로 연단되는 쇠처럼

쇠는 담금질과 벼름질을 통해 강도가 높아진다.
강해지는 데는 필연적으로 고통이 수반되지만,
이겨 낸다면 새로운 세상을 맞이할 수 있다.

일류와 삼류의 결정적 차이

브루투스, 너마저

믿을 수가 없었다.

회사 내부 분위기는 걷잡을 수 없이 술렁거렸다. 무려 20%의 직원이 한꺼번에 회사에서 나간 것이다. 그만둔 직원들은 검사 인력뿐 아니라 영업부서와 관리부서 등 전 부서에 걸쳐 있었는데, 말 그대로 '핵심인력'이라고 할 만한 인물들이 통째로 떨어져 나갔다.

사직서를 제출한 직원들은 제대로 된 인수인계를 해주지 않았다. 그만두더라도 후임들에게 업무를 잘 인계하는 건 직장생활의 기본이지만, 이런 최소한의 원칙조차 지켜지지 못했다. 누가 쫓아오기라도 하듯 썰물처럼 빠져나간 자리에서 느닷없이 낯선 업무를 받아 들게 된 직원들은 당황할 수밖에 없었다. 일이 손에 잡히지 않았고 시간만

되면 삼삼오오 모여서 소곤거렸다. 어떤 말들을 하는지 귀동냥하지 않아도 충분히 알 수 있었다.

"이러다 우리 회사 망하는 거 아냐?"

이것이 직원들 사이의 최대 화두였다. 야간검사·자동화시스템 구축, PCR 검사법 도입, CAP 인증 등 업계 최초의 시도들을 연이어 성공시키면서 경영상 어려움을 극복하고 업계 선두주자로 승승장구하던 SCL은 2000년대 초 창업 이래 최대의 위기에 봉착했다.

당시 SCL은 호시절好時節을 막 만났을 때였다. SCL을 찾아 주는 고객들이 하루가 다르게 늘어 가고 충성 고객층은 더욱 두터워지고 있었다. 이제는 꽃길만 걸을 거라는 기대감이 가득했는데 둥지가 깨어지는 위기를 만날 거라고는 누구도 예상하지 못했다. 아무리 호사다마好事多魔라지만, 야속했다.

도대체 이들은 왜 그만둔 걸까? 어디로 간 걸까? 궁금증은 오래지 않아 풀렸다. SCL과 비슷한 일을 하는 관련 업계로 한꺼번에 이직한 것이다. 그들은 그곳에 가서 SCL과 유사한 시스템을 만들었다. SCL이 상당한 시간과 막대한 비용을 들여서 쌓아 올린 노하우를 해당 업체는 손쉽게 획득할 수 있었다.

SCL 경영진과 남은 구성원들의 심정은 어땠을까? '당황스럽다', '섭섭하다'라는 표현으로는 모자랄 것 같다. 그 옛날 율리우스 카이사르가 카시우스 롱기누스를 비롯한 일련의 무리들에게 죽임을 당할 때 자신의 양아들 브루투스가 함께한 걸 보고 "브루투스 너마저"라고 외쳤던 것처럼, 믿었던 이들이 차갑게 등을 돌리는 건 너무나 뼈아픈 일이다.

SCL 직원들은 당황했고, 화가 났으며, 속상했다. 적잖은 시간 동안 함께 어려움을 이겨 내면서 동고동락했던 동료들이었기에, 남은 이들이 얼마나 곤혹스러울지 생각해 주지 않았다는 게 마음이 좋지 않았다. 이런 일을 겪는다면 누구나 비슷한 마음일 것이다. 그러나 감정에 빠져 있을 여유가 없었다. 눈앞에 벌어진 일을 수습해야 했기 때문이다.

SCL 핵심인력들이 대거 회사를 그만두었다는 소문은 바람처럼 업계 전체로 빠르게 퍼져 나갔다. 그동안 SCL과 안정적으로 거래해 왔던 병의원들은 이 소식을 듣고 불안해했다. 인수인계가 제대로 안 되어 직원들은 거래처에서 맡긴 검사 내용을 파악하기가 어려웠고, 제때 검사결과를 받지 못한 거래처의 항의가 적잖았다. 영업사원들은 원장들을 일일이 찾아다니면서 안심시키기 위해 노력했다. 업무를 제대로 넘겨받지 못한 데다 지금처럼 병원 홈페이지나 내비게이션이 없어서, 거래처 주소를 사업자등록증으로 일일이 확인하고 지도를 보면서 길을 더듬더듬 찾아가야 했다.

거래처들 역시 SCL이 망하는 것 아니냐는 질문을 많이 해 왔다. 그만두는 직원들이 거래처에 SCL에 대한 안 좋은 이야기를 퍼뜨려 놓았던 것. 한번 망가진 신뢰는 쉬이 회복하기 어렵다. 영업부 직원들은 혼들리는 거래처들에 회사 상황을 설명해 주고 설득하면서 오해를 불식시키고자 진땀을 흘려야 했다.

2000년대 초기 SCL이 겪은 위기는, 업력이 오래된 회사들이 한 번쯤 겪을 법한 사건이다. 업계에서 잘나가는 회사가 되다 보면 주변의 견제를 받기 마련이다. 직원들이 경쟁사들로부터 러브콜을 받을 수 있고, 그로 인해 이직하는 건 지극히 자연스럽다. 냉엄한 경쟁사회에서 직원들에게 가족과 같은 의리를 기대하는 건, 솔직히 말해 불필요하다.

이런 점을 감안하고 위의 사건은 우리에게 시사하는 바가 있다. 우리가 일을 어떻게 생각해야 하는지에 대해서이다. 조직에서 인정받고 성공하길 원하는 사람들은 일에 대한 기본 마음가짐이 어때야 하는지를 반드시 생각해 봐야 한다.

진정한 프로는 자기 일을 자신과 동일시한다. 이는 단순히 일에 미쳐서 산다는 의미가 아니다. 일을 자신처럼 소중히 여기고 책임감을 가지고 할 수 있는 한 최선을 다한다. 일을 남에게 미루지 않고, 일을 더 잘하기 위한 기술을 연마하는 데 시간과 노력을 아끼지 않는다. 조직을 떠날 때도 자신의 자리를 정돈하고 간다. 그동안 업무를 잘 정리하고 꼼꼼하게 기록을 남겨서 후임에게 이해할 수 있도록 설명해 준다. 이것이 내 이름에 책임을 지는 행동이고, 그동안 몸담았던 곳에 대한 예의이자, 그곳에서 청춘을 불태운 나 스스로에 대한 예의이다.

상대방과 나 모두를 존중하는 자세, 이것이 진짜 프로 의식이다.

일과 사람에 진심인 사람들은 주변의 지지를 얻고 신뢰감을 획득한다. 누구나 믿을 수 있는 이에게 일을 맡기고 싶어 하고, 반대의 경우라면 절대 일을 맡기지 않는다. 더군다나 새로운 곳에 대한 들뜬 마음에 이전 회사를 헌신짝처럼 버리는 사람에게 호감을 느낄 경영자는 없다. "언젠가 우리 회사를 저렇게 떠나겠구나" 하는 선입견만 생길 것이다. 인연은 종료되어도 평판은 계속 남아 내게 영향을 미친다. 큰 성공을 거두고 싶은 사람일수록 자신의 모습을 프로로 만들어야 하고, 평판을 관리해야 한다는 점을 기억하자.

죽은 과거를 묻어 버리고

SCL에 닥친 위기, 그 소식은 이경률 회장에게도 전해졌다. 대학 교수직과 벤처기업 운영을 병행하면서 SCL 경영 또한 돕고 있던 그는 어떻게 하면 SCL을 다시 일으킬 수 있을지 고민에 빠졌다. 그는 오래지 않아 자신의 인생에서 가장 중요한 결정을 내렸다. 교수직을 내려놓고 큰아버지의 뒤를 이어서 SCL 이사장으로 부임하기로 한 것이다. 그의 표현대로 위기 탈출을 위한 '파이어 워커Fire worker, 소방관'로 투입된 셈이다.

회사 상황을 하나하나 살펴보면서 말문이 턱 막혔다. 생각보다 심각했다. 그는 하나하나 수습 방안을 찾아 나갔다.

가장 먼저 해야 할 일은 회사 내부에 팽배한 위기감과 패배감을 극복하는 것이었다. 직원들이 일할 의욕을 잃어버리는 게 더 최악이라 생각했다. 갑작스레 빠진 인력을 곧바로 보충하기 어려워 직원들은 1인당 3~4인의 업무량을 소화해야 했다. 검사부의 경우 1인당 검사 건수가 너무 많아 새벽 6시에 출근해 밤 11시가 되어서야 퇴근하는 극한의 근무환경을 견디고 있었다. 핵심인력을 놓친 건 가슴 아픈 실책이긴 해도 언제까지 과거에 발목이 붙들려 있을 순 없었다. 미국의 시인 롱펠로Henry Wadsworth Longfellow가 "죽은 과거를 묻고 살아 있는 현재에 행동하라"라고 한 것처럼, 눈앞의 상황에 집중하는 게 옳다고 생각했다. 그는 업무를 챙기는 한편 틈이 나는 대로 직원들을 격려하고 비전을 상기시켰다. 경영진이 중심을 잡고 새로운 기운을 불어넣어 주니 직원들도 부정적인 감정을 털어 버리기 시작했다. 자신을 추스르는 한편 동료들을 응원하면서 서로의 버팀목이 되어 주었다.

임직원 모두 직접 발로 뛰었다. 검사결과의 신뢰성을 회복하고 SCL이 건재하다는 것을 알리기 위해 전국 곳곳의 거래처를 일일이 찾아다녔다. 이전보다 더 정확하게, 더 빠르게 검체를 수거하고 검사결과를 전달하려고 노력했다. 본사 행정부서 직원들이 영업부 직원들과 동행해 거래처를 직접 방문하기도 했다. 밤늦게까지 기다렸다가 진료가 끝나는 원장들을 붙들고 사정했다. 2시간을 기다려도 1, 2분 대화하는 게 다였지만 직원들은 원장을 만났다는 사실에 안도감을 느졌다. 끈기 있는 호소와 설득으로 거래처들은 천천히 불안감을 씻고 이전과 같은 거래를 이어 갈 수 있었다. 다행히 국내 최초로 CAP를 획득한 상황이었기 때문에 어떤 기관보다 검사의 질 관리에 뛰어나다는 점을 마케팅 요소로 활용하였다.

두 번째로 할 일은 위기를 기회로 만드는 것이었다. 위기에 대한 돌파구로 그가 들고 나온 키워드는 혁신이었다.

검체검사는 사람의 손으로 이뤄진다. 검체를 검사하고 분석하여 결과를 출력해 원장들에게 전달하는 것 모두 사람이 수행한다. 하루 24시간 돌아가는 시스템인데 사람에 대한 의존도가 높다는 건 시간과 비용 모두 많이 든다는 말이 된다. 사람의 손을 많이 탈수록 검체 결과에서 에러가 발생할 확률도 높아진다. 위의 사태처럼 직원들이 대거 이탈하면 검사결과의 질을 담보하는 건 고사하고 아예 업무 자체가 멈춰 서게 된다.

"가장 중요한 건 우리가 여전히 고객의 니즈를 채워 줄 수 있는가 하는 것이다."

신속하고 정확한 분석, 프로세스 단축, 빠른 전달체계. 이것이 검체 검사기관이 갖춰야 할 핵심 경쟁력이다. 이경률 회장은 IT 기술을 통해 이 같은 핵심 경쟁력을 갖추면 고객들에게 양질의 서비스를 중단 없이 제공할 수 있을 거라고 생각했다. 경쟁사에 중요 인력을 빼앗겨도 고객의 니즈를 충족시켜 줄 수 있는데 무엇이 두렵겠는가.

그렇게 하여 만들어진 것이 검사 전 과정 자동화 시스템이다. 3년이란 긴 시간이 걸린 대형 프로젝트라서 전문의부터 시작해 영업사원들까지 전 구성원이 시스템 개발에 참여했다. 2002년에 구축된 시스템은 IT 기술을 접목해 기존에 수작업으로 진행되던 검체 분류·접수 과정을 자동화함으로써 에러 발생 가능성을 사전에 배제하고 분석 시간을 단축해 검사결과의 신속성과 안정성을 높인 것이다.

전 자동화 시스템 덕분에 검사실 업무량은 무려 48%까지 감소되어서 검사부서 인력에 여유가 생겼다. 이 인원은 분자진단검사 등 특수검사에 전환 배치되어 업무의 효율성을 높였다.

2005년에는 'SMART_{SCL Medical Application Revolutionary Technology, SCL의 특수한 기술과 예술로 완성한 통합정보시스템}'라는 이름의 온라인 LIS_{Laboratory Information System, 임상병리정보시스템} 통합정보시스템을 구축하였다. 앞서 설명한 것처럼 1990년대에는 영업부서와 검사부서의 수작업이 많았다. 2000년대에 들어서 기본적인 LIS 진단검사의학 시스템 및 구매청구 시스템이 갖춰졌지만, 큰 변화가 있었던 건 아니었다. 검체를 수거해서 검사하고 결과를 도출하여 전달하기까지 전 과정에서 사람의 손이 필수적이어서 복잡하고 시간 소모가 컸다. 만약 사람의 손을 줄일 수 있다면 거래처의 만족도가 올라갈 터였다.

각 부서별 특징에 맞게 개발돼 있던 시스템을 하나로 통합하는 SMART 시스템 구축은 말처럼 쉽지 않았다. 당시 전사적인 시스템을 개발할 인력이 내부에 많지 않았고, 의료검사의 특징에 맞게 시스템을 갖추는 건 그야말로 고난도의 작업이었다.

임상병리정보시스템 구축에서 내부인력직원과 외부인력시스템 개발업체의 협력은 필수적이다. IT 전문기업이 일을 주도하더라도 임상병리정보시스템의 정보를 잘 알고 있는 내부직원들의 역할이 매우 중요하다. 그래서 쌍방의 이해를 도울 수 있도록 임상병리사인 직원을 전산시스템 개발 업무에 투입해 프로그램 개발에 필수적인 검사 정보들을 파악하는 한편, 검사부에 전산용어 등 시스템 정보를 전달하면서 작업해 나갔다.

SMART는 내부적으로는 업무 프로세스를 개선시켰고, 외부적으로는 고객만족도를 크게 향상시켰다. 거래처들은 자신이 있는 곳에서 빠르고 편리하게 검사결과를 조회하고 수령할 수 있게 됐다는 점을 만족스러워했다.

2002년 구축된 자동화 시스템은 2008년 다시 한번 업그레이드 과정을 거친다. SCL은 세계적 진단검사기기 전문기업 지멘스 코리아와 태스크포스팀을 구성해서 아시아 최대 규모의 자동화 시스템 LAS Laboratory Automation System를 구축했다. LAS에는 22m 길이의 트랙이 있어 한 번에 많은 양의 혈액검사를 빠르게 진행할 수 있다는 게 특징이다. 그리고 기존 검사방법보다 약 1,000배 이상 고감도로 분석하며, 더 많은 항목의 검사를 진행할 수 있다기존 39항목 → LAS 65항목. LAS 도입으로 검사분석 시간은 기존보다 약 2.3배 빨라져 검체를 분석함과 동시에 실시간으로 검사결과를 고객에게 보고할 수 있게 되었다.

현재 SCL 검사부서는 400여 종의 최신 장비를 통해 자동화운영·진단혈액·분자진단·임상미생물·진단면역·특수분석·세포유전·세포병리·조직병리·휴먼지놈·마이지놈·특수미생물분석 등 4,000여 개 검사 항목을 시행할 수 있는 체계적인 시스템을 운영하고 있다.

SCL은 자동화 시스템 구축과 함께 조직 개편을 단행했으며, 2006년엔 업무 분야 및 양에 따라 조직을 새롭게 구성하고 연구검사 분야 전담팀 C-LABCentral Laboratory을 별도로 구성했다. 과거 연구검사 영역은 고객들에게 제공하는 일종의 서비스처럼 인식되고 있어서 검체검사기관들은 낮은 비용을 받거나 무상으로 수행해 주는 경우가 많았다. 당연히 투자가 이뤄질 리 없었다. SCL 역시 사정이 다르지 않아서 연구용 검사를 담당하는 학술지원부는 그야말로 다목적으로 운영되고 있었다. 그러나 미국, 유럽 및 일본에서는 신약개발과 관련된 임상시험이 계속 증가하고 있었고, 2000년대에 들어서 우리나라 식품의약품안전처와 R&D에 투자하는 제약사들은 임상시험을 전문적으로 하는 기관의 필요성을 공감하고 있었다. SCL에도 임상시험용 검체분석을 문의하는 기업들이 있었다. 기업들은 국제표준인증을 받은 기관을 원했고, 국내 최초로 CAP를 받은 SCL은 이들의 니즈에 안성맞춤이었다.

SCL은 기업들의 문의를 접하면서 임상시험 영역을 키워 가기로 마음먹고 학술지원부의 업무를 재정의하였다. 그동안 연구용 검사 상

현재 SCL 검사부서는 400여 종의 최신 장비를 통해 자동화운영·진단혈액·분자진단·임상미생
물·진단면역·특수분석·세포유전·세포병리·조직병리·휴먼지놈·마이지놈·특수미생물분석 등
4,000여 개 검사 항목을 시행할 수 있는 체계적인 시스템을 운영하고 있다.

담, 검체 접수, 위탁 관리, 홍보물 제작 등 복합적으로 얽혀 있던 업무들에서 연구용 검사 업무를 분리해 내고, 국가연구용역을 담당하는 팀과 임상시험을 전담하는 팀을 나누어 새롭게 꾸렸다.

이러한 조직 개편은 임상시험 분야에서 SCL의 전문성을 강화하는 데 중요한 역할을 한다. 이후 SCL은 국가기관과 제약회사의 임상시험 프로젝트를 수주하면서 사업규모를 더욱 확장할 수 있었다. 신약개발 임상시험 서비스를 전담하는 부서가 제약임상팀으로 지금의 C-LAB신약개발지원본부이고, 국가연구용역을 전담하는 부서가 연구관리팀으로 현재 기술혁신센터의 모태인 국책과제팀과 인체자원관리팀이다.

존속하되 파괴할 수 있다면

2000년대 초 SCL이 위기를 돌파해 낸 일련의 과정을 '존속적 혁신'과 '파괴적 혁신'으로 정의할 수 있다. 이는 미국 하버드 경영대학원 석좌교수였던 클레이턴 크리스텐슨Clayton M. Christensen이 창시한 개념이다. 크리스텐슨은 혁신을 '존속적 혁신Sustaining Innovation'과 '파괴적 혁신Disruptive Innovation' 두 가지로 구분하였다. 존속적 혁신은 시장에서 기대하는 수준에 맞춰 기존 제품/서비스의 성능을 점진적으로 향상시켜서 고객들에게 높은 가격으로 제공함으로써 시장점유율을 키워 가는 전략이다. 반면에 파괴적 혁신은 성능이 떨어지지만 가격이 저렴한 제품/서비스로 시장에 진입해 밑바닥부터 공략한 다음 점차 높은 품질로 끌어올려 가면서 시장점유율을 높여서 시장을 장악하는 전략을 말한다. 자본이 부족한 중소기업이 주류 기업들이 간과했던 바닥 시장부터 공략해 기존 질서를 뒤흔든다는 점에서 파괴적이라고 표현한 것이다.

파괴적 혁신의 본뜻은 이러하지만, 세간에서는 '기존 시장을 획기적으로 변화시키는 혁신'을 일컫는 말로 사용되고 있다. 기존 제품/서비스에 대한 생산공정 및 기술, 조직구조, 관리시스템, 종업원 등을 새롭게 변화시켜서 기업의 핵심 경쟁력을 강화해 목표를 달성하는 것이다.참고 : 파괴적 혁신 기업과의 상생전략/기술과 혁신/2022년 11/12월호.

많은 사람들이 종속적 혁신과 파괴적 혁신 중 어느 것이 기업을 성공시킬 수 있는지 관심을 갖고 있다. 전자는 시장에서 절대 우위를 차지하는 주류 기업의 전략이고, 후자는 시장에 신규 진입하는 중소 혹은 신생 기업의 전략이라는 면에서 차이가 있다. 주류 기업은 선두 자리를 지키기 위해 주력 분야 투자를 지속하면서 소비자에게 비싼 값을 요구하게 되고, 그러다 보면 소비자의 외면을 받을 수 있다. 이럴 때 상대적으로 저렴한 품질과 가격으로 승부하는 기업이 등장한다면 주류 기업을 쓰러뜨릴 수 있다. 품질과 가격을 낮추는 것에 더해 새로운 패러다임까지 제시한다면 그 파괴력은 한층 강해진다. 이런 점 때문에 파괴적 혁신에 매력을 느끼는 이들이 많다.본질적 의미와 상관없이 단어 자체가 주는 느낌 때문인 것 같기도 하다. '존속'보다는 '파괴'가 더 매력적으로 느껴지니까.

둘 중 어느 것이 더 우수하냐는 논쟁보다는 각각의 특성을 이해하고 기업 경영에 참고하는 것이 좋을 듯하다. 존속적 혁신은 기업이 이미 시장을 장악하고 있는 제품/서비스의 성공에 안주하지 않고 계속 성장을 추구한다는 면에서 장점이 있다. 주류 기업의 끊임없는 노력으로 고객들은 더 훌륭한 기술력을 누릴 수 있게 된다. 고급 기술을 합당한 가격을 주고 구입하고자 하는 고객은 업종을 막론하고 존재하며, 기업 매출에 중대한 영향을 미친다.

주의해야 할 것은 주류 기업이 존속적 혁신에만 올인한다면 소비자들이 그 노력을 반갑게 생각해 주기보다는 신생 기업으로 애정을 옮길 수 있다는 점이다. 신생 기업이 새로운 가치를 제시하면서 시장 바닥에 존재하던 고객들의 불만족을 건드리면 시장의 판세는 순식간에 뒤집어질 수 있다. 주류 기업은 오랫동안 업력을 쌓아 온 데 대한 자부심 때문에 혁신에 둔감한 면이 있다. 매출에 지대한 영향을 미치는 고객들의 의견을 수렴하는 데는 빠르지만 매출 영향이 미비한 고객의 의견에 큰 관심을 두지 않는다. 그래서 시장에 미처 반영되지 못한 고객 욕구가 존재한다는 사실을 알아차리지 못한다. 실제로 기업 현장에서 이런 일들이 종종 벌어진다는 점을 기억해야 한다.

파괴적 혁신 사례로 많이 거론되는 기업 중 하나가 애플이다. 애플은 2007년 아이폰을 선보임으로써 휴대폰 시장에 일대 혁신을 일으켰다. 물리적 키보드 방식이었던 스마트폰 시장은 아이폰처럼 키보드를 없애고 스크린을 크게 만들기 시작했다. 때문에 애플이 휴대폰 시장에서 파괴적 혁신을 이룩했다고 말하는 이들이 있으나, 애플이 정말 '파괴'한 것은 노트북PC 산업이라는 관점도 존재한다. PC의 기능을 거의 그대로 탑재한 휴대폰의 등장으로 노트북 시장은 패드Pad와 일반 노트북PC로 사실상 재편되었기 때문이다. 애플의 사례는 PC 시장에서 뛰어난 성능에 관심을 갖는 주류 소비자 외에, PC 크기가 좀 더 작기를 바라는 고객들이 존재했음을 확인시켜 준다.

　파괴적 혁신과 존속적 혁신을 깊이 살펴볼수록 둘 사이의 우월함을 따지는 게 의미가 없다는 걸 알게 된다. 기업은 이 두 가지 중 어느 것 하나도 소홀히 해서는 안 된다. 만약 한 기업이 존속적·파괴적 혁신을 함께 구사해, 시장에서 절대 우위를 지켜 가면서 바닥 소비자층까지 공략할 수 있다면 업계 1위를 굳건히 지킬 수 있을 것이다.

　SCL의 위기 극복은 세간에 통용되는 의미의 파괴적 혁신과 존속적 혁신의 면을 함께 가지고 있다. 검사 전 과정 자동화 및 통합정보시스템 등 타 검체검사기관들보다 획기적으로 앞선 시스템을 구축해 고객들의 만족도를 높인 점이 그러하다. 시장의 주요 고객들의 니즈를 정확하게 겨냥해 기술을 업그레이드한 것이다.

　큰 관심을 받지 못하고 매출 기여도가 미비했던 임상시험에 주목해 전담팀을 구성한 것은 파괴적 혁신에 가깝다고 볼 수 있다. 주요 거래처들은 임상시험 영역과는 거리가 멀었다. 대다수 검체검사기관들이 임상시험에 본격적 투자를 하지 않을 때 전담팀을 만들어 키워 갔다는 것은 주류 기업이 쉽게 할 수 없는 혁신이었다. 존속적 혁신을 지속해 나가던 기관에서 파괴적 혁신을 시도했다는 게 이채롭다.

어떤 기업이든 위기를 만날 수 있다. 대금을 떼일 수 있고, 느닷없는 화재가 발생할 수 있으며, SCL이 겪은 것처럼 핵심인력이 대거 빠져나갈 수도 있다. 그들을 통해 핵심기술이 경쟁사로 유출될 수 있다. 이러한 위기 때 어떻게 대처하느냐가 그 기업의 미래를 좌우한다. 잘 대처하지 못하면 쓰러지겠지만, 잘 대처한다면 비약적으로 발전할 수 있다.

SCL은 크나큰 위기를 만났지만 훌륭하게 이겨 냈다. 기존에 존재하던 시스템과 서비스를 획기적으로 혁신하고, 조직을 재편하고, 소외된 영역을 발굴해 새로운 경쟁력으로 키워 냈다. 그리하여 '국내 최고의 검체검사기관'이라는 비전에 한 걸음 더 다가설 수 있었다.

최초 위기는 분명 의도한 게 아니었지만, 위기를 기회로 삼은 것은 SCL의 선택이었다. SCL 위기 극복 스토리는 "삼류 기업은 위기에 의해 파괴되고, 이류 기업은 위기를 이겨 내며, 일류 기업은 위기로 인해 발전한다"라는 앤디 그로브Andy Grove 인텔 전 회장의 말을 실감 나게 한다. 공든 탑은 무너질 수 있다. 그러나 극복하겠다는 마음을 먹으면 얼마든지 더 높이 쌓아 올릴 수 있다.

휴먼 에러에 대한 최후의 보루

실수하는 인간, 어떻게 막을까

SCL은 일찍부터 사람이라는 변수에 주목했다. 사람을 치료하기 위한 데이터를 제공하는 의료기관으로서, 그 데이터를 만들어 내는 과정에서 한 치의 오류도 허용할 수 없었다. 검사결과가 정확하고 신속하게 나올수록 사람의 생명을 살릴 수 있으니까. 그래서 검사 절차를 수행하는 사람이 일으킬 수 있는 각종 실수들에 관심이 많았다. 어떻게 하면 이 변수를 원천적으로 차단할 수 있을까.

'휴먼 에러Human Error'는 말 그대로 인간이 저지르는 실수를 말한다. 인간이 실수를 저지르는 이유는 신체적·정신적으로 불완전하기 때문이다. 인간의 역사는 실수의 역사라 해도 과언이 아니다. 태어나서 목을 가누고, 몸을 뒤집고, 짚고 일어나고, 걷고, 옹알이하고, 말하는 과정을 통해서 숱한 실패와 실수를 경험한다. 성인이 된다고 해서 실수하지 않는 게 아니다. 유형이 달라질 뿐이지 '실수하는 인간'이라는 본질은 달라지지 않는다.

통계학적으로 인간은 하루에 5만 가지 생각을 하고, 2만 개의 행위를 하며, 그중 두 번의 실수를 한다. 또한 두 번의 실수 중 80%는 감지되고 20%는 감지되지 않는다. 감지되지 않는 실수 중 25%, 전체 실수의 5%가 아주 심각한 실수로 분류된다. 1,000명의 노동자가 있다고 했을 때 하루 2,000번의 에러가 발생하며, 이 중 400개의 에러는 감지되지 못하며, 100개의 에러는 심각한 사고로 이어지는 셈이다参고 : 휴면에러/안전보건공단/2020.2.26. 착각, 망각, 기억의 오류, 의도치 않은 부주의함, 태만 등이 실수의 직접적 원인으로 지목된다.

산업현장에서 이런 실수로 인한 사고가 많이 벌어진다. 사고를 막기 위해서는 업무 수행자에게 실수를 하지 말라고 강조할 게 아니라 사람의 불완전성을 보완해 줄 시스템을 만드는 게 더 합리적이다. 어떤 지점에서 어떤 실수가 발생할 수 있는지를 면밀히 살펴보고 실수가 벌어질 만한 상황을 원천적으로 차단하는 방법을 연구해야 한다. 이런 차원에서 본다면 실수는 인간을 성장시키는 게 분명하다. 실수하는 인간은 불완전하지만 그것을 인정하고 대안을 찾을 때 더욱더 성장할 수 있다. 흔히 하는 말로 미생未生으로 태어나 완생完生을 향해 나아가는 것이다.

SCL은 의료기관으로서 검사 과정에서 발생할 수 있는 검사자들의 실수를 사전에 예방하는 데 관심이 많았다. 임상시험 전담팀 C-LAB Central Laboratory을 설립한 후 더욱 필요성을 절감했다.

앞서 설명한 바처럼 2000년대 초반 SCL은 위기극복 및 혁신의 일환으로 임상시험 전담팀 C-LAB을 만들었다. 국내 임상시험 검체를 분석하는 중앙검사실이 없던 현실에서 SCL의 선제적인 조치는 확실히 미래를 내다본 선택이었다. 보건복지부 및 국내 제약회사, 생명과학회사들이 임상시험에 대한 필요성을 느끼고 이를 맡길 수 있는 전문적이고 신뢰성 있는 기관을 찾고 있었기 때문이다.

보건복지부는 2004년부터 서울·수도권 및 대도시 상급의료기관 14개 소에 임상시험 선진화를 위한 임상시험글로벌선도센터 설립 및 재정을 지원하고, 국가임상시험지원재단KoNECT을 운영하여, 국내 신약개발 임상시험 분야 국제경쟁력을 강화하기 위한 기틀을 마련했다. KoNECT는 국내 임상시험센터, 임상시험수탁기관과 협력해 대한민국 임상시험의 기반을 조성하고 전문인력 육성, 국내외 투자유치 등 임상시험 산업 전반을 총괄하고 있다.

이런 안팎의 변화는 1998년 국내 최초로 CAP 인증을 획득하였고 C-LAB을 운영 중인 SCL에게 확실히 유리했다. SCL은 국내 센트럴랩 최초 임상시험검체분석기관 인증 획득, 국내 진단검사의학과 최초 ISO 15189 인증 획득과 같은 기록을 세워 나갔다. SCL에 임상시험을 의뢰하는 제약사와 임상시험수탁기관이 늘어났고, 해외 기업의 의뢰

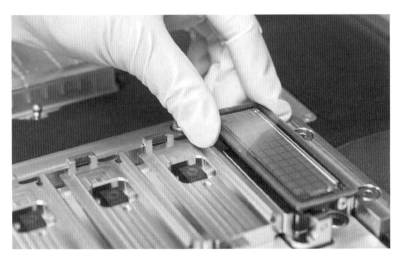

SCL은 일찍부터 사람이라는 변수에 주목했다. 사람을 치료하기 위한 데이터를 제공하는 의료기관으로서, 그 데이터를 만들어 내는 과정에서 한 치의 오류도 허용할 수 없었다.

도 이어졌다. 현재 SCL C-LAB이 참여하는 임상시험 과제 수는 누적해서 총 600여 건에 달한다.

오늘날 임상시험의 중요도는 과거에 비할 수 없을 만큼 올라갔다. 국내에서 시행되는 임상시험 건수는 해마다 증가 추세이다. 식품의약품안전처와 KoNECT는 2021년 식약처 임상시험 계획 승인 건수가 842건으로 2020년 대비 5.4% 증가했으며, 최근 3년간 꾸준히 증가하고 있다고 밝혔다2018년 679건, 2019년 714건, 2020년 799건. 842건 중 가장 많은 비중을 차지하는 건 제약사 주도 임상시험679건, 80.6%으로, 2020년611건 대비 11.1% 증가했다참고 : KoNECT 임상시험 현황 자료.

SCL은 국내외 여러 기업들의 임상시험을 수주하면서 연구사업의 범위, 프로세스, 전반적인 관리에 대한 요구 수준이 매우 높아지고 있음을 인지하게 되었다. 연구 데이터뿐 아니라 연구 과정을 기록하는 기록물 관리까지 요청하는 곳들이 있었다. 신뢰할 만한 인증기관에서 인증을 획득하는 것 외에, SCL의 전문성과 프로페셔널리즘을 보여 줄 수 있는 결과물이 필요했다.

SOP, 인간의 한계를 보완하다

"회사 안팎으로 그런 변화가 있을 때 일본 LSIM으로 출장을 가게 되었어요. SCL에 꼭 필요한 걸 발견할 수 있었던 출장이었죠."

당시 임상시험지원사업부 부서장은 2006년을 회상하며 이렇게 말했다. LSIM전신 MCM(미츠비시 케미컬 메디언스)은 창립된 지 40년2023년 기준이 넘는 일본 최대 글로벌 CROContract Research Organization, 임상시험수탁기관 기업이다. 그는 그곳에 가서 깊은 인상을 받았다고 했다. LSIM은 지진이 많이 발생하는 지리적 특성상 사옥의 층고가 낮았고, 지진·쓰나미와 같은 천재지변과 위급상황에 대처하는 매뉴얼 등 안전관리 시스템과 입출입 관리 등의 보안관리 체계가 무척 뛰어났다. SCL이 국내 최고라고 자부했지만 LSIM의 안전 및 보안 체계를 좀 더 배워야겠다는 생각이 들었다.

"자연재해에 예민한 나라이기 때문에 유사시 대피 및 탈출 경로를 잘 만들어 두었어요. 노란색 화살표로 이동경로를 꼼꼼하게 표시해 두었더라고요."

그가 가장 인상적으로 보았던 것은 LSIM이 표준화된 업무 매뉴얼을 갖췄다는 점이었다. 회사 내 수많은 업무들이 체계적으로 분류되어 있고, 업무 진행 절차가 정리돼 있었다. 표준화되어 있는 작업지침서, 이를 SOPStandard Operating Procedures라고 한다.

SOP는 우리나라에서 '표준작업지침서' 혹은 '표준운영절차'라고 불린다. 업무를 일관적으로 실시할 목적으로 절차 및 수행 방법을 상세하게 기술한 것이다. 기본적인 절차·수행 방법 외에 다양한 경우의 수까지 가정해 그에 대한 절차·수행 방법까지 정리한다. 업무와 관련돼 사람이 저지를 수 있는 실수를 방지하고 돌발 변수에 대처할 수 있다는 강점이 있다. SOP가 있으면 사람이 바뀌어도 결과를 그대로 유지할 수 있다.

예를 들어 보자. 어느 부서에 입사한 지 20년 된 부장 A와 입사한 지 6개월이 되지 않은 신입 B가 있다고 가정하겠다. 둘 사이의 업무 경험도는 하늘과 땅 차이다. 그러나 SOP가 있고 B가 이를 잘 이해하고 기억했다면 업무를 수행할 때 동일한 결과가 나올 수 있다. SOP의 목적은 궁극적으로 사람으로 인해 발생하는 변수를 차단하는 것이다. SOP가 인간의 경험과 연륜에서 나오는 판단력까지 대체할 수 있다는 의미는 아니지만, 프로세스를 중시하는 업무에서 빛을 발할 수 있다.

SOP는 품질관리Quality Control가 필요한 모든 영역에서 유용한데, 그는 이것이 임상시험에서 반드시 필요하다고 판단하였다. 임상시험이야말로 다양한 분야 전문가들이 유기적으로 협력하고 각각 도출한 자료로 하나의 결과를 만들어야 하는 영역이기 때문이다. 업무의 복합성·복잡성이 크므로 꼼꼼하게 정립한 표준작업지침서가 있다면 검사자의 실수 차단, 전문가 간 협력, 품질관리, 결과값 도출에 결정적으로 기여할 것이다.

또한 임상시험의 신뢰성을 담보하는 데에도 SOP는 절대적이다. 임상시험의 모든 과정은 절차에 따라 수행되어야 하고, 수행되었다는 근거는 기록으로 확인 가능해야 한다. 단지 어떤 업무를 어떻게 수행했다는 차원이 아니라 실수가 발생했다면 그걸 어떻게 바로잡았는지까지 기록한다. 의료기관에서 약품이나 기기를 잘못 적용하면 환자의 건강에 치명적 악영향을 미칠 수 있다. 약품, 검사, 치료행위 등이 최종적으로 환자에게 도달하기까지 전 과정은 누가 봐도 안전하게 진행되어야 한다. 식약처 및 국내 제약회사, 생명과학회사들이 검체검사 기관들의 인증을 원하고, 검사의 전 과정에 대한 기록을 보고 싶어 하는 이유는 이 때문이다. 인증과 함께 SOP가 존재한다면 고객들은 흔들리지 않는 믿음을 갖게 될 것이다. 그는 한국으로 돌아가면 SOP를 SCL에 도입해야겠다고 결심했다.

사람의 인식과 싸운다는 것

생각은 현실과 다르다. SOP가 꼭 필요하다는 확신이 있었지만 정작 직원들은 쉽게 공감하지 못했다.

"어떻게 일해야 하는지 이미 알고 있는데 왜 새로운 방법을 만들어야 해요?"

직원들은 자기 업무를 오랫동안 해 온 프로들이다. 이미 프로인 사람들인데 업무 절차를 정립하자고 하면 불필요하게 느끼는 게 당연했다. 알아서 잘 공부하는 우등생에게 새로운 공부법을 적용하자고 하면 납득할 리 없었다.

무엇보다 SCL 검사부서에는 이미 검사 수행에 필요한 정도관리지침이 있었다. SCL은 정도관리지침서를 갖추고 검사실 인증심사를 받고 있었기 때문에 검사에 적합한 직원교육, 시설, 환경, 안전을 준수하고 있으며 그것이 SOP와 동일하다고 판단한 것이다. 그러나 두 가지는 서로 유사한 것 같지만 분명한 차이가 있다.

팬데믹이 발생했던 코로나19 검체검사를 예로 설명하자면, 검사실의 정도관리지침서에서는 검사에 필요한 검체 설명, 부적합한 검체의 처리를 언급하고 있다. 반면 이 과정을 SOP로 정립한다면, 환자로부터 검체를 채취하기 위한 용기, 채취 부위, 채취 방법 설명 및 감염 위험이 높은 검체를 취급하는 과정까지 세분화하여 각 과정의 담당자·관리자가 할 역할과 해당 업무에 필요한 기록물 작성 및 보관 방법까지 구체적으로 나열한다. 즉 업무 프로세스를 하나하나 점검해서 규격화시키는 것이다.

SOP는 기본 업무에 대한 세부적 절차만 담고 있는 게 아니라 예기치 못한 돌발 상황에 대한 해결 절차도 담고 있어야 한다. 예컨대 코로나 검체를 올바르게 채취하지 않은 경우 환자를 재방문하게 할 것인지, 검사를 취소할 것인지, 또 채취 용기가 미처 구비되지 않았다면 대체 용기가 가능한지, 검체를 취급하는 직원이 감염 위험에 노출되었거나 감염 확인되면 어떻게 조치하는지 등 담당자들이 모두 머리를 맞대고 일어날 수 있는 돌발 변수를 모두 가늠한 다음 각각에 맞는 해결 절차를 정리해야 한다. SOP는 인간의 실수를 방지하는 게 목적인만큼 일반적인 상황보다 돌발 상황에 더욱 효과를 발휘할 수 있다.

기존에 있는 지침서를 확대하여 업무 과정에 필요한 SOP를 구비해야 하는 차이부터 설명하는 게 관건이었다. 설득하는 데 오래 걸렸고, 체화시키는 데에는 그보다 더 긴 시간이 걸렸다.

"어떻게 보면 사람의 인식을 바꾸는 일이고, 인식을 바꾸기 위해서 사람의 인식하고 싸우는 일인 것 같아요."

사람의 인식을 바꾸는 건 어찌 보면 가장 어렵다. 사람은 누구나 자기 확신을 가지고 살아가기 때문이다. 그렇지만 SOP가 무엇인지 정확하게 공유된다면 모든 직원들이 공감해 줄 거라는 믿음이 있었다.

그는 검사부서뿐 아니라 연구, 행정 등 회사의 모든 부서 업무 프로세스에 대해 SOP를 다 만들고 싶었다. 예컨대 해외에 지사를 설립하고 싶다면 최초에 어떤 계획을 세워야 하고, 현지에 가서 어떤 작업을 해야 하고, 홍보는 어떻게 해야 하는지, 포인트마다 표준 절차를 잡는 것이다. 부서마다 SOP를 정립하게 되면 업무의 상충 혹은 중복, 사각지대 발생을 방지할 수 있다.

전 부서의 정보를 다 들여다보는 작업이라 쉬운 일이 아니었다. 직원들의 협력 또한 절대적으로 필요했다. 그는 자신이 고참 위치라서 눈칫밥으로 알 수 있는 것들이 많았고, SOP의 필요성을 인지하기 시작한 직원들이 적극적으로 협력해 주어 SOP를 만들어 갈 수 있었다고 한다.

그의 말처럼 SOP 수립에 있어 가장 중요한 것은 해당 업무를 수행하는 담당자의 협력이다. 누군가가 큰 뼈대를 잡아 줄 수는 있지만, 디테일은 그 업무를 잘 아는 담당자의 몫이다. 직원들은 본래의 업무를 수행하는 짬짬이 SOP 작업에 참여했다. 이미 몸에 익어서 동물적으로 움직이던 부분까지 절차화하는 게 어색했고, 때로 생각이 잘 나지 않는 부분도 있었지만, 함께 격려하면서 SOP를 만들 수 있었다. 나중에 일본 LSIM에서 SCL을 방문했을 때 훌륭하다는 칭찬을 받았다. 또 그들의 조언을 통해 미진한 점은 좀 더 보완할 수 있었다.

처음 일본 LSIM에서 배워 온 SOP는 임상시험 과정별로 세분화되어 있는 것으로, 250여 편이나 되었다. 당연히 일본 현지 상황에 부합하는 내용이 많았다. 그래서 직원들은 SCL에 맞는 방식으로 진화시키기 위한 개정 작업을 반복했다. 매년 제·개정을 진행하면서 점점 SCL에 맞는 SOP가 만들어졌다.

SOP의 진화는 지금도 계속되고 있다. 지금까지 받았던 국내외 인증을 지속적으로 유지하기 위해 인증평가기관의 기준에 맞춰 SOP를 작성하고 있다. 검사법이 계속 발전하고 법령도 변화하고 있어 그에 맞는 SOP 개정은 필수적이다. 그는 "다른 의료기관들도 모두 품질관리에 힘을 기울이겠지만 SCL만큼 전담 부서를 두고 전문적으로 관리하기는 힘들 것"이라고 자부했다.

경영자의 믿음이 필요한 순간

"은퇴가 얼마 안 남았지만, 제가 있는 동안 모든 부서가 올바르게 구현된 SOP를 통해서 업무를 할 수 있도록 훈련하는 게 꿈이에요."

밝게 웃으며 얘기하는 그의 손목에는 아대가 감겨 있다. 독수리 타법임에도 손을 아끼지 않고 일한 덕분에 얻은 손목 수근관중후군 때문이다. 그럼에도 이렇게 일할 수 있는 게 보람되단다.

지금 생각해도 감사한 것은 일본 LSIM으로 출장을 다녀와서 처음으로 C-LAB 신설과 SOP 구축 필요성에 대해 설명했을 때 회사의 반응이다. 그는 사업부 신설과 SOP 구축, 운영으로 SCL의 비즈니스가 더욱 확대될 수 있음을 차근차근 설명하였다. 그의 말을 듣자마자 경영진은 "생각하는 대로 해보라"고 힘을 실어 주었다.

"객관적이고 과학적인 데이터의 중요성을 모두 인지하고 있었어요. 그렇다곤 해도 직원의 제안에 선뜻 새로운 부서를 신설해 주고 지원해 주는 게 쉬운 일은 아니라고 생각해요."

그는 자신이 어떤 의견을 건의하든 간에 적극적으로 수용해 주는 회사 덕분에 신나게 일할 수 있었다고 한다.

사실 임상시험은 SCL 전체 사업영역에서 비중이 크지 않다. 검사 건수나 매출로 따져도 10%가 되지 않을 만큼 미미하다. 반면에 요구되는 기록물이나 프로세스 관리는 엄청나게 까다롭다. 적은 매출을 위해 내 업무의 상당 시간을 써야 한다면 반가워할 사람이 있을까. 기관 차원에서 품질관리 업무에 힘을 실어 주지 않으면 각 부서들은 반발할 수밖에 없다.

"SCL에서 임상시험이 차지하는 비중이 낮기 때문에, 임상시험과 관련돼 SOP를 만드는 건 정말 귀찮은 일이에요. 하지만 SOP가 SCL 모든 사업영역의 신뢰성을 담보할 수 있다는 것 또한 사실이에요."

경영진의 전폭적 지원으로 부서원들은 생경한 SOP를 만들어 가는 데 의기투합할 수 있었다. 이경률 회장은 "SCL은 SOP를 갖추면서 검체검사기관으로서 신뢰성을 더욱 높여 가게 되었고, 이러한 성과는 직원을 신뢰하고 전폭적인 지지를 아끼지 않았기 때문"이라고 말했다. 임상시험 영역에서 SOP를 갖추고자 하는 여러 기업과 기관에 SCL 사례는 롤모델이 되었다.

세계적인 경영의 귀재 잭 웰치Jack Welch는 "내 임무는 최고의 성공을 거둘 수 있는 사업에 최상의 능력을 발휘할 수 있는 인재를 배치하고, 가장 올바른 사업을 선택하여 자본을 투자하는 것이다. 아이디어를 제공하고, 자원을 분배한 후 간섭하지 않고 내버려 둔다. 훌륭한 비즈니스 리더란 관리하기를 포기하는 사람이다."라고 말한 바 있다참고 : 잭 웰치의 31가지 리더십 비밀/로버트 슬레터 지음/명진출판.

훌륭한 리더는 그 자신이 뛰어난 게 아니라 뛰어난 직원을 적재적소에 쓰는 사람이라는 건 리더십의 오랜 정의이다. 독불장군 리더는 홀로 성장할지 몰라도 공동체를 성장시키진 못한다. 그러나 직원의 재능에 기름을 부어 주고 길을 열어 주는 리더는 공동체를 성장시킨다. 열정을 불사르는 직원을 보면서 다른 직원들도 동기부여가 되기 때문이다. 서로가 서로를 밀어 주고 당겨 주면서 비전을 향해 나아가므로 성장하게 되는 것이다.

많은 기업들에서 CEO는 "내가 곧 진리"라는 마음으로 직원들에게 일을 부여한다. 직원들의 의견을 폭넓게 수용하겠다는 다짐은 말뿐, 건의사항을 들어도 따르지 않는다. 이런 분위기에서 능동적·창의적 사고를 하는 직원이 나오는 건 하늘의 별 따기이다. 경영진 혹은 상급자에 대해 타율적·수동적·무비판적이고, 공동체를 위해 더 나은 방향을 고민하기보다 자신의 자리를 잘 지키며 매달 급여가 잘 나오는 것에서 만족감을 찾게 될 수밖에 없다.

사람과 조직을 성장시키는 지혜로운 리더가 되고 싶다면 CEO 스스로 한계를 깨닫는 게 먼저다. 자기 생각과 주관을 직원들에게 주입하려고 하지 말고, 일에 대한 남다른 태도를 가진 직원을 눈여겨보고 그를 신뢰하여 최대한 능력을 발휘할 수 있도록 기회를 제공해야 한다. CEO의 권위를 앞세워 직원들을 내리누르며 사사건건 간섭하고 감시하는 한 그 조직에는 인재도, 성장도 없다.

느닷없이 들이닥쳤을 때

누가 전화벨을 울렸을까

고객응대부서에 걸려 온 그날의 전화는 직원들을 당황스럽게 했다. 모 병원의 환자로부터 연락이 왔는데 상당히 격앙된 상태였다. 거래처인 병의원 연락은 일반적이지만, 피검자인 환자가 직접 연락하는 건 흔한 일이 아니다. 해당 검체를 의뢰한 병원에 문의하여 상황을 파악해 보니, 환자가 의사로부터 검사결과를 전해 듣고 상당히 반발하면서 그 검사를 한 곳을 알려 달라고 소란을 피웠다고 한다. 그 후 SCL로 연락해 와서 환자에 보호자까지 가세해 전화기 너머에서 격한 언사를 쏟아 냈다.

결과에 대해 속 시원히 설명해 드리고 싶지만, 검사기관의 설명과 해당 병의원의 설명이 환자에게 다르게 전달되면 안 되므로, 답답함을 접어 두고 해당 병의원과 통화할 수 있도록 안내한다. 해당 검사결과의 담당자는 병원과 통화하여 환자에게 잘 전달될 수 있도록 검사결과에 대해 상세하게 설명해 주었다.

"저희가 설명을 잘 해드린다고 늘 잘 해결되는 건 아녜요. 상대방 입장에서는 듣고 싶은 내용이 아닐 테니까요."

항의 중에는 간혹 까다로운 사안들이 있다. 사례를 하나 소개하자면, 병원과 환자 간 소송이 진행되는 상태에서 환자로부터 검사결과에 대한 문의를 받은 적이 있다. 젊은 여성 환자인데 3차 병원에서 조직검사를 받고 암 판정을 받았다고 했다. 환자는 그에 앞서 동네 산부인과에서 받은 검사에서 문제가 없다고 들었는데 이후 암 판정을 받은 만큼 동네 병원의 1차 검사결과가 잘못됐다는 취지로 소송을 제기하였다. SCL에 연락한 것은 검사결과가 잘못됐다며 항의하기 위해서였다.

이럴 때 어떤 입장을 취하는 게 좋을까? 직원들은 한결같이 말한다. 감정을 배제하고 객관적 데이터에 입각해 사실을 전달해야 한다고. 위 사안의 경우 동네 병원을 통해 SCL에 의뢰된 검사는 스크리닝 검사_{특정 질병이 있는 사람을 건강한 사람과 구별하기 위하여 시행하는 검사}로, 검사기관은 탈락된 세포를 도말한 검체를 분석하는 것이므로 검체 외의 건강 상태를 미루어 짐작할 수 없었다.

검사기관의 문제가 아님에도 환자들은 기관에 연락해 호소하거나 항의한다. 원하지 않았던 판정을 받은 데 대한 분노, 억울함을 쏟아

낸다. 전화로 항의하는 건 보통이고, 직접 기관까지 찾아오는 경우도 있다. 어떤 보호자는 흥분한 나머지 직원의 멱살을 잡으려 한 적도 있다. 이런 일을 겪으면 의욕이 꺾여서 하루 종일 일이 손에 잡히지 않는다. "마른 하늘에 날벼락을 맞으면 누구나 그렇지 않을까?" 하는 마음으로 그들의 심정을 이해하면서도, 한편으로는 그간의 노력이 무위로 돌아가는 것 같은 서운함은 어쩔 수 없다.

담당자가 설명해 줘도 수긍하지 못하고 격한 항의가 이어지면, 검사결과를 해외 검체검사기관에 의뢰해 판단을 받기도 한다. 제3기관의 객관적 데이터를 받아서 전달하면 그제야 당사자들의 감정이 수그러든다.

고객응대부서 직원들은 감정이 아닌 과학으로 말해야 하는 사람들이지만, 다양한 사례를 접하면서 한편으로는 그에 맞는 대응법을 배워 가고 있다. 때로는 이성적·과학적으로, 때로는 진심 어린 위로로 피검자들의 마음에 다가간다. 이런저런 환자들의 반응을 직접 접할수록 사명감을 더욱 강하게 느낀다.

고객응대부서로부터 전화가 왔다는 소식이 알려지자 검사부서 직원들의 손동작이 잠시 멈추었다. 외부에서 연락이 올 때면 특히 신입직원들은 '컴플레인 전화인가?' 혹은 '내가 한 검사가 잘못된 건 아니겠지?' 등등의 생각을 하면서 괜스레 심장이 쿵쾅대고 긴장하게 된다.

"왠지 모르게 내가 진행한 검체에 대한 연락은 직감적으로 느껴져요. 일을 오래 해서 눈치가 빨라지는 것 같아요."

과학적인 사고를 생활화하는 이들이지만 적어도 이 순간만큼은 돗자리를 깔아도 무방하다.

검사부서는 하루 종일 검체와 씨름한다. 검사부 직원들에게 검체는 분석 대상이자 파트너이고 친구이다. 타 부서에 비해 외부인과의 접점이 적다. 그럼에도 외부의 연락이 올 때가 있긴 하다. 검체 결과에 대해 좀 더 자세한 내용을 알고 싶을 때, 검사결과가 만족스럽지 않을 때, 빨리 결과를 받고 싶을 때, 거래처들은 고객응대부서나 영업소를 통해 검사부서에 연락한다. 검사결과는 단답형으로만 나오지는 않는다. 여러 결과들을 종합적으로 해석해야 하는 경우도 있고, 사진이나 이미지를 판독하는 검사들의 경우도 있으나, 때로는 어떻게 해석하는 게 좋을지 애매한 경우도 다반사다. 그래서 결과에 대한 거래처들의 문의는 많은 편이다.

SCL에서 가장 예민하게 일하는 부서를 찾으라면 단연코 검사부서일 것이다. 휴먼 에러를 용납할 수 없는 게 검사 업무이므로 그럴 만하다. 자동화 시스템이 여러 가지 작업을 대신해 준다 해도 사람의 손은 반드시 필요하다. 검체를 확인하고 기계가 잘 돌아가는지 살피고 판독해서 결과를 내는 것은 사람이 해야 한다. 때문에 혹시 발생할지 모르는 에러 상황에 다들 민감하다. 이를테면 검체에 표기된 이름이 비슷한 경우, 이름이 똑같은데 생년월일이 다른 경우가 있다. 이럴 때 나올 수 있는 실수를 방지하기 위해 이중, 삼중으로 확인하는 절차를

자동화 시스템이 여러 가지 작업을 대신해 준다 해도 사람의 손은 반드시 필요하다. 검체를 확인하고 기계가 잘 돌아가는지 살피고 판독해서 결과를 내는 것은 사람이 해야 한다.

거친다.

매일 검체 수량이 달라서 업무량을 스스로 조절할 수 없다는 것도 업무상 어려움 중 하나이다. 오늘 1만 건을 했다고 해서 내일 똑같을 거란 보장이 없다. 2만 건, 3만 건이 올 수도 있다. 검사결과는 약속된 시간 안에 처리해야 하므로 출근한 순간부터 퇴근하기 직전까지 신경을 곤두세워야 한다. 노동 강도로만 보면 극한 직업이 따로 없다.

평소 같으면 충분히 이해하고 넘어갈 일도 예민해지면 문제가 되기도 한다. 검체 분석 결과를 가지고 직원들끼리 의견을 교환하다가 충돌하는 경우가 있다. 사람 생각이 다 똑같을 수 없고 각자 전문가로서의 견해와 자부심이 있으므로 그럴 만하다.

"얼굴이 붉어질 때도 있지만, 나중엔 다 풀죠. 다들 일을 잘하기 위해 그런 거라서 그 순간이 지나면 서로를 이해해 주는 편이에요."

가뜩이나 예민한 이들에게 전화는 더할 나위 없는 자극제이다.

검사부원들은 신입직원이 들어올 때마다 자신과 가족이 병원에서 검사를 받는다는 마음으로 일할 것을 강조한다.

"검사를 통해 환자의 발병 사실을 찾아내면 생명을 살리는 거지만, 반대로 놓치면 환자가 위험해지니까 정신을 바싹 차려야죠. 검사자는 검체 너머에 있는 환자를 봐야 해요."

한번 오류가 났다고 알려지면 기관의 신뢰도는 바닥으로 추락한다. 한 사람의 작은 실수가 환자의 생명을 위협하고 거래처를 잃게 만들 수 있으므로 모든 직원들은 사명감과 책임감을 가지고 일해야 한다.

　반갑든 반갑지 않든 간에 뜻하지 않은 많은 일들이 직원들을 연단시킨다. 담금질할수록 강해지는 쇠처럼 검사부원들은 오늘도 멘탈을 부여잡고 검사에 초집중하고 있다.

돈보다 더 중요한 무게중심

　검사부원들이 말하는 검사자의 자질은 어떤 걸까? 위에서 이야기한 것처럼 예상 외의 사건이 다이내믹하게 벌어지는 곳이 검사실이라, 단지 검체를 분석하고 판독하는 기술만 뛰어나다고 이 일을 선택해서는 안 된다. 생명에 대한 사명감과 책임감 외에 성실함, 집중력, 꼼꼼함, 협동심 등등 여러 자질이 필요하다. 훌륭한 검사자가 되기 위해 정해진 자격증을 갖추는 건 물론이다.

　다양한 소양과 전문성을 가지고 일하는 검사부원들은 직업적 자부심이 뛰어난 편이다. 이런 자부심은 일을 더욱더 잘할 수 있게 해주는 동력이 된다. 흔히 하는 말로, 돈으로 좌지우지되지 않는 사람들이다.

　한번은 이런 일이 있었다. 한 연구자가 논문의 가설을 입증하기 위해 SCL에 검사를 의뢰했다. 논문에서 연구 가설을 입증하기 위한 실험 과정과 결과는 신뢰성을 확보하는 것이 가장 중요하다. SCL 검사

단지 검체를 분석하고 판독하는 기술만 뛰어나다고 이 일을 선택해서는 안 된다. 생명에 대한 사명감과 책임감 외에 성실함, 집중력, 꼼꼼함, 협동심 등등 여러 자질이 필요하다.

부서에서 검사를 진행했는데, 유감스럽게도 해당 연구자가 세운 가설에 상반된 결과가 나왔다. 연구자는 결과를 받아 들고서 재검을 요청했다. 결과가 잘못 나왔다면 얼마든지 재검할 수 있으나, 그가 원한 것은 자신이 원한 결과를 내달라는 것이었다. 만약 그렇지 않을 경우 검사비용 지급에 문제가 있을 거라며 은근한 압박을 가했다.

담당자는 이 연구자 사례를 상부에 보고하였다. 기관 차원에서 연구자의 검사를 종료하고 이후 다시 검사를 의뢰받지 않는 것으로 결론지었다. 유사한 사례가 더 있었는데 그때마다 과학적으로 도출된 결과를 전달할 뿐 타협하지 않았다. 매출에 손해가 되는 결정이라도 경영진 역시 미련이 없었다. 외뢰자들의 요구에 맞는 결론이 나오도록 검사를 진행하면 일시적인 이득을 얻을 수 있겠지만, 직원들의 자부심을 손상시켜 사기를 떨어뜨리게 된다. SCL의 비전인 EBM^{근거중심}^{의학}을 저버리는 행위이기도 하다.

경영진과 직원들은 한 마음으로 돈보다 더 큰 가치를 바라보았기에 자부심과 사명감으로 일할 수 있다. SCL 검사부서 각 팀별로 10년 이상 근속한 전문가들이 많다는 것은 이런 회사 분위기에 부합한다. 아시아 최대 규모 자동화 시스템을 구축^{진단검사 장비 400여 대, 4,000여 검사 아이}^템하고, 하루 평균 10만여 건의 검사를 시행하는 것은 물론, 잠복결핵 검사나 희귀난치성 질환 검사 등 신규 검사 시스템을 지속적으로 도입하고 검사 환경을 개선하는 데 힘을 쏟는 것도 부서원들의 자부심을 올려 주는 요인이다.

자부심과 번아웃, 그 아찔한 경계

수년 전 사람들로부터 좋은 반응을 얻었던 광고가 있다. 카드 결제를 하려고 계산대 앞에 선 손님유해진 분에게 직원이 질문을 던진다. 마일리지가 있는지, 포인트 카드가 있는지, 엄마 카드인지, 아빠 카드인지 등등 속사포보다 빠른 직원의 말을 들으며 손님은 멍한 표정으로 이렇게 생각한다.

"아무것도 안 하고 싶다. 이미 아무것도 안 하고 있지만 더 격렬하게 아무것도 안 하고 싶다."

직장에서 열정을 불사르고 집으로 돌아온 검사부원들의 표정과 심정이 다 그와 같지 않을까.

번아웃Burn-out의 사전적 의미는 '어떤 활동이 끝난 후 심신이 지친 상태'를 말한다. 일에 전력을 다하던 사람이 신체적·정신적으로 극도의 무기력 상태에 빠지는 것을 번아웃 증후군Burn-out Syndrome이라고 부른다. 마치 불에 다 타 버린 듯한 상태가 된다고 해서 붙은 이름이다. 번아웃을 겪는 사람들은 푹 쉬어도 몸 상태가 피로하고 식욕이 떨어지며 수면 부족을 겪는다. 일에 대한 의욕이 사라지고 무기력해지며 짜증과 불안감이 많고 만사가 귀찮아진다.

SCL 검사부 직원들은 사람의 생명을 살리는 일을 하고 있다는 자부심이 강하지만 한편으로는 빡빡한 업무량, 빈틈 없는 일처리로 인한 스트레스 때문에 힘들 때가 많다. 검사부원들은 가장 큰 고충으로 '가족에게 소홀하게 되는 것'을 일순위로 꼽았다. 아무리 말을 잘하고 외향적 성격이더라도 매일 하드한 업무에 시달리면서 말이 줄어든다. 퇴근 무렵엔 그야말로 방전 상태가 되어 집에 돌아가면 소파나 침대와 한 몸이 되어 버린다. 아이가 놀아 달라고 해도 호응해 주기 힘들다.

"내일도 열심히 일하려면 지금 충분히 쉬어야 하니까요. 비록 아이가 원하는 대로 놀아 주진 못해도 아이 얼굴을 보면 힘이 나요."

SCL 검사부 직원들은 저마다 스트레스 처리법을 가지고 있으며 서로 공유하고 있다. '잠을 자는 것'이 가장 많았고 산책, 동료와 수다 떨기 등도 뒤를 이었다. 어떤 직원은 이렇게 말했다.

"지쳐서 일하다가도 거래처에서 좋은 피드백을 받으면 가슴이 뿌듯해져요."

SCL엔 20년 넘게 거래를 이어 가는 병의원들이 있다. 그동안 여러 번 경영 위기를 만났을 때도 변함없는 신뢰로 함께 일하는 곳들이다. 충성고객들을 보면 더 열심히 해야겠다는 의욕이 샘솟는다. 고객들 역시 SCL과 자신들이 함께 성장했다는 데 뿌듯함을 느낀다.

SCL 검사부원들이 겪는 어려움은 그들만의 문제가 아니다. 직장인들이라면 누구나 겪는 문제이다. 직장인들은 업무에 최선을 다해야 하지만, 한편으로는 번아웃이 오지 않도록 신경을 써야 한다. 글로벌 채용컨설팅기업 로버트 월터스Robert Walters가 전 세계 31개국에서 실시한 조사에 따르면, 응답자의 82%가 코로나 이전에도 '번아웃'을 경험한 적이 있다고 답했다. 그런데 팬데믹 이후 재택근무를 병행하는 기업이 늘어나면서 업무와 개인생활 영역의 구분이 무너지고 더 과도한 업무에 시달리며 번아웃 위험이 더욱 증가했다고 한다. 시도 때도 없이 SNS 메신저로 업무를 지시하는 상사 때문에 스트레스가 많다는 것참고 : 임직원 번아웃을 예방하는 6가지 방법/로버트 월터스 코리아.

번아웃 증후군은 개인의 행복을 해칠 뿐 아니라 회사의 경쟁력에도 악영향을 미치기 때문에 기업들은 직원들이 번아웃에 빠지지 않도록 많은 관심을 기울이고 있다. SCL 역시 직원들의 업무 스트레스를 해소하고 의욕을 고취시킬 수 있도록 직원교육과 복지를 강화하고 있다이에 대해서는 5장에서 다룰 예정이다. 조직 차원에서 번아웃 예방책을 실시하는 것은 인재를 보호하고 신뢰감을 쌓아 관계를 지속해 나가는 데 유리하다.

독일 자동차회사 다임러Daimler는 2013년, 임직원들이 편안하게 휴가를 즐길 수 있도록 '메일 온 홀리데이Mail on Holiday' 제도를 도입하였다. 메일 주인이 휴가 중일 때 새로 들어온 이메일이 삭제되는 것이다. 메일 전송자는 '메일이 삭제됐다'는 알람과 함께 긴급한 사안일 때 동일한 메일을 근무 중인 동료에게 재발송하거나, 휴가자가 복귀하면 다시 보내도록 하는 두 가지 옵션을 받게 된다. 업무에 지장이 없게 하면서도 휴가자를 배려하는 시스템이다.

여행 및 항공 컨설팅기업 심플리플라잉Simply Flying은 7주 일한 후

8주째는 쉬는 의무휴가제를 도입했다. 휴가 중에는 업무 연락을 금했으며, 만약 직원이 몰래 일하다가 들키면 그날의 임금을 지급하지 않았다참고 : 번아웃증후군을 해소하려면 강제 휴가 도입하라/보안뉴스/2020.2.12.

미국 예일대학교 정서지능센터 연구진은 몰입도와 번아웃의 상관관계에 관한 논문Highly Engaged But Burned-out에서 몰입도와 번아웃 가능성이 모두 높은 직원에 대해 분석했다. 미국 직장인 천 명을 대상으로 조사한 결과, 약 20%가 '기진맥진한 몰입자engaged-exhausted'였다. 몰입도가 높아 성과가 좋지만 번아웃이 올 가능성이 큰 경우로, 5명 중 1명에 해당했다. 기업 입장에서 좋은 성과를 낼 수 있는 훌륭한 직원들이 번아웃에 걸려 떠날 수도 있는 위험이 존재하는 것이다참고 : 고성과자 업무 부담 줄이고, 일은 고르게 분배/이코노미조선/2018.8.11.

인재를 잃지 않으려면 번아웃을 개인적인 문제로 치부하지 말고 기업 차원에서 근무 문화를 바꾸는 노력이 필요하다. 위의 두 기업 사례처럼 근무시간 외 근로를 원칙적으로 금지시켜야 한다. 누군가에게 너무 과도한 업무량이 주어지지 않았는지를 살펴 합리적으로 조정하고, 적절한 연봉 체계와 성과에 대한 보상도 갖춰야 한다. 무엇보다 업무와 관련된 어려움을 허심탄회하게 주고받고 의견이 반영될 수 있는 사내 의사소통 문화가 필수적이다. 경영진 차원에서 이 같은 노력을 적극적으로 해 나갈 때 직원들은 회사를 신뢰하면서 오래도록 일할 수 있다.

고난은 인간을 단련시키지만, 인간의 에너지는 제한적인 측면이 있다. 기업 경영진은 힘들어도 참고 견디면 성장할 수 있다며 직원들이 과도한 업무에 시달리는 걸 방치해서는 안 된다. 비전을 고취시키고 독려하여 성과를 내는 것 못지않게 훌륭한 인재들이 방전되지 않고 자기 능력을 키워 갈 수 있는 시스템을 만드는 게 궁극적으로 기업 경쟁력 강화에 훨씬 유리하다.

3장
탁월함에 이르는 열쇠

탁월함은 오늘에 안주하지 않고 내일을 보는 것이다.
현실 안주의 달콤함을 이겨 낸다면
과거와는 비할 수 없는 미래를 만나게 될 것이다.

새로운 세상을 향하여

사람의 마음을 여는 가장 쉬운 방법

오전 10시. 행사 개회식까지 1시간밖에 남지 않았다.

글로벌 마케팅 부서장은 부랴부랴 행사장을 나와 근처 마트로 발걸음을 옮겼다. 마트 내에 있는 바틱Batik, 왁스를 녹인 다음 염료를 섞어서 천에 점을 찍어 일정한 패턴을 만든 것. 이 패턴이 그려진 천으로 만든 인도네시아 전통의상을 바틱이라고도 한다. 숍에 가기 위해서였다.

2022년 7월, SCL헬스케어는 수개월 동안 국내 LX인터내셔널과 함께 인도네시아 헬스케어 사업분야 진출을 준비하고 있었다. 그날은 오랜 여정의 피날레에 해당하는 날로, 인도네시아 현지 의료진들을 초청하여 한국 진단검사의학을 소개하는 대규모 행사가 열릴 참이었다. 인도네시아에서 한국 기업들이 주관한 행사들 중에서도 굉장히 큰 규모로 준비했는데, SCL 전문의들과 전문가들이 발표를 맡아 한국의 진단검사 역량, K-LAB 모델 등을 제시하고 현지 의사들이 관심 가질 만한 최신 진단검사 트렌드를 발표할 예정이었다.

그는 만반의 준비를 했다고 자부하면서도 '혹시 뭔가 더 할 게 없을까?' 하는 고민이 들었다. 타국에서 우리나라 진단의료 기술을 선보이는 자리. 우리도 낯설지만 상대도 똑같은 심경일 것이다. 그 간격을 좁히고 친근하게 다가가고 싶었다. 그런 고민을 하던 중 행사를 준비하는 K-LAB의 현지 및 한국 직원들이 입은 옷이 눈에 들어왔다. 인도네시아 전통의상인 바틱이었다.

'그래, 저거야!'

그는 리허설이 끝나자마자 뛰다시피 마트로 가서 바틱을 구입해 재빠르게 갈아입었다. 본래 입었던 정장은 그날을 위해 특별히 준비한 것이었지만 미련이 없었다. 바틱으로 갈아입고 나니까 비로소 모든 준비가 끝난 기분이 들었다. 그는 힘차게 무대 위로 올라갔다.

행사는 대성공이었다. 인도네시아 현지인들은 "감동받았다"면서 호감을 표현했다. 한국인 직원들까지 인도네시아 전통의상을 입고 있는 걸 보면서 얼마나 진심을 다해 준비했는지를 느꼈다고 했다.

부서장은 타국과의 비즈니스 경험이 풍부하여 우리나라가 다른 나라에 진출할 때 무엇을 신경 써야 하는지를 잘 알고 있었다.

"이란, 사우디 등 중동지역에 많이 다녔죠. 이란에 가면 머리에 스카프를 두르고 사우디에 가면 아바야를 입어요. 직원들이 현지 여성들과 같은 모습을 하는 거죠. 히잡에 대한 찬반 논란과 별도로 비즈니스하러 간 사람으로서 그 나라에 대한 호의를 표현하는 거예요."

그가 인도네시아인들에게 전하고 싶었던 것이 바로 호감이었다. 비즈니스도 결국 사람이 하는 일이기에 마음과 마음이 맞닿을 때 일이 잘 풀릴 거라고 생각했다. 인도네시아에 대한 존중과 관심을 정성껏 표현한 덕분에 그날은 한국의 케이팝을 비롯해서 한국에 대한 칭찬 일색의 이야기들이 행사장을 가득 메웠다.

이 에피소드는 해외에 진출을 모색하는 우리 기업들이 반드시 고려해야 하는 점을 알려 준다. 해외에 진출하려면 그 나라 사람들의 마음 문을 열고 그들을 설득할 수 있어야 한다.

어떻게 해야 내가 가진 논리에 상대가 동조하게 할 수 있을까? 중국 전국시대 사상가인 한비자가 쓴 《한비자韓非子》〈세난說難〉편을 보면 설득의 기본을 배울 수 있다.

한비자는 설득을 "상대의 마음을 헤아리는 것"이라고 정의하면서, 설득이 참 어려운 것이라고 했다. 그 이유는 내가 가진 지식이나 말재주가 부족하거나, 내가 과감하게 내 능력을 펼쳐 보이지 못해서가 아니라, 상대의 마음을 알아서 내가 설득하려는 바를 그에게 맞추는 게 쉽지 않기 때문이다. 한비자는 상대의 생각을 존중하고 감정을 건드리지 않아야 설득할 수 있다고 했다.

해외사업 진출을 위해 노력했던 직원들의 태도는 한비자의 말에 의거하면 '설득의 기본'에 충실하다. 구구절절한 말솜씨나 유려한 능력으로 다가가기보다 상대를 존중하는 태도를 먼저 드러냈다. 인도네시아인들의 마음 문을 여는 데 담백한 행동만으로도 충분했다. 이 일화를 보면 사람의 마음을 여는 데 복잡한 방법이 필요하지 않다는 사실을 알게 된다. 아무리 머나먼 타국 땅 낯선 상대라 해도 존중과 배려를 담은 행동으로 대한다면 상대의 마음 문을 여는 건 어렵지 않다.

멀리 가고 싶으면 함께 가라

인도네시아 진출기를 열정적으로 설명하는 본부장에게 재밌게 일하는 것 같다는 말을 건네니, 그가 고개를 가로저었다. 지금까지는 순항 중이지만 마냥 재밌을 수는 없다는 것.

"여러 파트너들과 함께하는 만큼 기민하게 준비해야 할 일이 많아요."

SCL헬스케어가 인도네시아에 진출하는 데에는 국내 굴지의 대기업인 LX인터내셔널과의 인연이 시발점이 되었다. LX인터내셔널은 인도네시아에서 여러 사업을 진행하고 있었는데, 인도네시아가 우리나라 진단의학 기술이나 랩 사업과 같은 헬스케어 사업에 대한 관심이 높다는 사실을 알고 SCL에 랩 진출 관련 컨설팅을 의뢰하였다.

SCL헬스케어는 인도네시아 시장 트렌드와 정부정책 등을 고려해 진입 가능 분야를 검토하였고, 헬스케어 사업에 진출할 것을 확정하였다.

글로벌 마케팅 부서장은 이란과 튀르키예 등 중동지역을 많이 다니면서 세계 여러 나라들에 헬스케어에 대한 니즈가 있음을 확인할 수 있었다. 이경률 회장은 인도네시아의 헬스케어 사업에 대한 니즈 증가와 검체검사 시장 확대에 따라 인도네시아 진출을 본격화하기로 마음먹었다.

2022년 초반, 이경률 회장은 LX인터내셔널과 3개월간의 준비 과정을 거쳐 6월에 SLX를 설립하였다. 인도네시아 현지에 한국 진단의료 기술이 상륙하기 위한 정확히는 현지에 K-LAB 설립을 위한 항해가 시작된 것이다.

실무진 쪽에서도 작업이 활발하게 진행되었다. 2022년 10월에는 본사 검사부 팀장이 COO Chief Operating Officer, 기업 내부 사업을 총괄하는 책임자로서 인도네시아로 출국했다. 국내 실무진과 인도네시아 실무진은 일주일에 한 번 화상회의를 열어 현지 업무 진행상황을 점검하였다.

"LX인터내셔널이 현지 경험이 많아서 그 덕분에 많이 배워요. 헬스케어 사업에 대해서도 우리와 생각이 잘 맞아서 일할 때 시너지가 납니다."

그의 말은 "빨리 가고 싶으면 혼자 가고 멀리 가고 싶으면 같이 가라"라는 아프리카 속담이 생각나게 한다. 누군가와 협력한다는 건 혼자 할 때보다 더 많은 시간과 노력을 필요로 한다. 두 기업이 각각 해외진출을 준비했다면 상의하고 협력하는 데 쓰는 시간과 비용은 들지 않았을지 모른다. 대신에 해외시장 개척이라는 머나먼 목표를 달성하는 데에는 힘이 부족했을 것이다. SCL헬스케어와 LX인터내셔널은 서로에게 공동 목표를 가진 파트너가 되어 주었기에 혼자일 때보다 훨씬 더 힘 있게 시장을 개척해 나갈 수 있었다.

2022년 12월, SLX의 K-LAB은 마침내 인도네시아 정부로부터 정식 라이센스Izin Lab Utama, 보건부를 허가받았다. 인도네시아 K-LAB은 총 4층 규모의 독립 건물에 구축됐다1층 리셉션·응급실·약국/2층 검진센터/3층 사무공간/4층 랩. 의료진을 비롯해 행정·물류 등 직원들을 채용하였다. 인도네시아 K-LAB의 거의 대부분은 SCL 랩을 모델로 하였으나, 검체 운송 물류시스템은 예외였다. 그곳 사정이 우리와 다르기 때문이다.

우리나라는 검체검사기관들이 전국 각지에 영업소를 두고 있어 그곳을 통해 검체를 수거해 검사실로 보낸다. 그런데 인도네시아를 비롯한 중동 및 동남아시아 국가들은 검체검사를 하면서부터 결과가 나오기까지의 과정이 우리와 다르다. 주민들은 병원에서 의사가 처방전을 써 주면 이를 가지고 콜렉션센터Collection Center라는 곳에 가서 검사를 받는다. 이 센터에서 랩으로 검체를 보내 주고, 랩은 검체분석을 실시해 결과가 나오면 콜렉션센터로 보낸다. 주민들은 센터에서 검사 결과를 수령한다.

이런 현지 사정에 맞는 물류시스템이 필요했다. 또한 인도네시아가 길이 복잡해서 교통체증이 흔하다는 점도 고려해야 했다. 그래서 차량보다는 오토바이를 구입해 검체를 수거 및 운반하기로 했다. 차량 두 대, 오토바이 10여 대를 갖추었고, 검체 수거 루트와 픽업 시간 등 시뮬레이션을 진행했다. 직원들은 랩을 홍보하기 위해 670곳의 병원을 방문해 검사 계약을 체결하였다.

2023년 1월, 인도네시아 K-LAB이 정식 오픈되었다. 검체를 운반하기 위해 도로를 달리는 오토바이를 인도네시아 사람들이 신기한 듯 바라보았다. 이는 SLX 직원들에게도 가슴 뿌듯한 광경이었다. 앞으로 어떤 일들이 펼쳐질지 알 수 없으나 직원들은 자신만만하다. 한국형 검체검사기관인 K-LAB이 인도네시아 국민들의 건강을 책임질 날이 머지않았다.

더 넓은 세계를 향한 도약

국내에서 선두로 올라선 다음 해외 비즈니스로 눈을 돌린다는 건 잘나가는 기업에게 정해진 수순과 같다. 왜 기업들은 하나같이 해외 시장에 진출하고 싶어 하는 걸까? 가장 중요한 목적은 새로운 성장 기회를 찾기 위해서이다.

현재 SCL의 역량은 과거 10년에 비할 바가 아니다. 우리나라만큼 검체검사 시스템이 잘 갖춰진 나라는 흔하지 않은데, 그중에서도 SCL 은 선두 그룹으로서의 면모를 과시하고 있다. 검사실 규모, 장비, 인력 수준, 기술력, 콜드체인시스템 등 하나같이 선진국과 비교해도 뒤처지지 않는다.

우리나라 검체검사 기술 발달을 촉진시키는 중요한 요인은 건강보험제도였다. 우리나라 국민들은 의료비에 대한 과도한 염려 없이 병원 진료 및 치료를 받을 수 있고, 2년에 한 번씩 국가에서 실시하는 건강검진을 받는다. 이 제도는 세계 최강대국 미국마저 부러워해 오바마 대통령은 한국을 모델로 한 '오바마 케어'를 마련하기도 했다. SCL 이 검체검사기관서울의과학연구소으로 출발해 검진전문기관하나로의료재단, IT 솔루션 개발 및 진단시약 사업큐로직, MRO 전문사업아헬즈, 식품·축산물 자가품질검사기관바이오푸드랩, 신약개발사업SCL테라퓨틱스을 진행하는 종합 의료 플랫폼 전문기업으로 성장한 것은 해외에서 유례를 찾을 수 없는 건강보험제도의 발전에 기인한다.

역량이 커진 기업들에게 국내시장은 좁다. 우리나라 전체의 시장규모, 인구수 등을 고려해도 국내시장에서 국내 기업들하고만 경쟁해서는 도약을 하기 어렵다. 넓은 시장에서 규모를 키워야 더 높은 매출, 더 넓은 영향력을 기대할 수 있다.

SCL헬스케어는 진작부터 해외시장 진출을 모색했다. 첫걸음은 몽골에서 뗐다. 2003년에 몽골 울란바토르에 전문검사기관몽골모바이오을 설립하고, 최신 진단기법 등 선진 의료기술을 전파했다. 두 번째 시장

은 중국이었다. 2013년 중국에 최초의 한국형 종합검진센터한뉘 건강검
진센터를 설립했다.

인도네시아는 세 번째 해외시장이 되었다. 경쟁력이 뛰어난 사업부
서를 필두로 해외로 나갔기 때문에 가격 저가화 등 출혈적 수단에 의
지하지 않고 경쟁력을 유지할 수 있었다.

해외진출 성공을 위한 네 가지 조건

기업의 해외진출은 당연하면서도 필수적인 과정이다. 그러나 해외
시장에 진출한다고 모든 기업이 다 성공을 거두는 건 아니다. 마땅히
성공할 만한 조건을 갖췄을 때 좋은 결과를 기대할 수 있다. SCL헬스
케어의 해외시장 개척 성공 요인은 네 가지로 요약할 수 있다.

첫 번째는 진출하고픈 해외시장에 대한 정확한 분석이다. 시장규모
부터 시작해서 국민들 특성, 정치·경제·사회·문화 등 그 나라 전반적
인 정보를 자세히 조사해서 분석하는 것이다.

예컨대 무슬림 국가는 산아제한정책을 펴지 않아서 출생률이 높은
편이다. 이럴 때는 산전검사나 소아질환에 대한 검사들을 중점적으로
앞세우는 게 필요하다. 몽골의 경우 유목민이 많은 나라여서 C형 간
염 바이러스HCV 감염률이 매우 높았다. C형 간염 바이러스는 주로 혈
액을 통해 감염이 이뤄진다. 몽골에 진출할 무렵 몽골은 헌혈자 혈액

을 검사하지 않아서본래는 헌혈받은 혈액을 사용할 수 있는지 적합성 평가를 해야 하고 우리나라도 그렇게 하고 있다, 수혈받은 이들이 C형 간염에 걸릴 확률이 매우 높았다. 그래서 모바이오랩은 HCV PCR 검사를 먼저 세팅했고, C형 간염 바이러스 감염률을 낮추는 데 크게 기여했다. 이처럼 국가별 특성에 맞는 사업을 준비한다면 실패 확률을 줄일 수 있다.

우리나라 의료기관들 중에 해외시장 진출을 모색했다가 실패했던 곳들이 있다. 해외시장은 모든 것이 국내시장과 다르기 때문에 철저하게 분석해서 기민하게 전략을 세우지 못하면 성공을 거두기 어렵다.

두 번째 성공 요인은 현지를 잘 아는 국내 파트너를 만난 것이다. 해외시장에 새롭게 진출하려는 기업이 현지 사정을 아무리 조사한들 바깥에서 본 것에 지나지 않는다. 쉽게 넘을 수 없는 언어의 장벽도 문제다. 이럴 때 현지 파트너와 협약을 맺게 되면 그쪽에서 나온 의견에 휘둘리기 쉽다. 만약 관계가 틀어지면 사업도 틀어지게 된다.

"중동지역이나 사회주의국가의 경우 왕족과의 친분, 유력 정치인과의 친분을 앞세운 현지인들이 있어요. 이런 분들과 파트너십을 가져갔다가 사업이 무너지는 경우를 가끔 봤었죠."

SCL헬스케어의 인도네시아 사업파트너인 LX인터내셔널은 인도네시아 현지 상황을 꿰뚫고 있었다. SCL헬스케어가 자체적으로 철저히 시장조사를 했지만, 먼저 진출해서 경험을 쌓은 LX인터내셔널로부터 훨씬 더 생생한 정보를 얻을 수 있었다.

해외시장에 진출하면 우리나라에 대한 타국의 시선을 경험하게 된다. 과거에 비해 우리나라의 국제적 위상은 많이 높아졌지만, 아직까지도 동양의 작은 나라, 분단국가라는 편견으로 바라보는 이들이 존재한다. 냉엄한 비즈니스 현장에서 이런 편견을 만나는 건 퍽 부담스럽다. 힘이 빠지기도 한다. 만약 현지 사정에 정통한 국내 파트너가 동행한다면 이런 편견에 시달릴 가능성이 줄어든다.

세 번째 요인은 열정적인 직원들이다. 해외진출 사업 성공을 논할 때 직원들의 역할은 간과되기 쉽다. 그러나 의외로 직원들의 의욕은 사업을 성공시키는 데 매우 중요한 요소로 작동한다.

본사 직원들이 열심히 일해도 막상 현지에서 실무를 처리하는 직원들이 제 역할을 다하지 않으면 일은 굴러가지 않는다. 본사는 물리적 거리 때문에 이 같은 상황을 제때 점검하기 어렵다. 때문에 현지에 파견되는 실무 직원들은 정말 믿을 만하고 실력 있는 이들이어야 하고, 특히 재능 있고 유능한 직원을 현지 리더로 세우는 게 중요하다. 본사는 이들이 최선을 다해 일에 전념할 수 있도록 다방면의 지원과 보상을 아끼지 않아야 한다.

네 번째 성공 요인은 진정성이다. 우리가 수익성을 우선시하기보다는 더불어 살기 위해 왔다는 마음을 현지인들에게 전하는 것이다.

기업은 철저한 이익단체이지만 상업성만 앞세운다면 현지인들의 마음을 얻기는 불가능하다. SCL헬스케어는 해외사업을 진행할 때마다 그 나라 국민들의 건강을 케어해 국민 행복에 기여하겠다는 마음을 전하고자 노력했다. 이는 인도네시아에 자연재해가 발생했을 때도 마찬가지였다.

SLX 직원들이 한창 K-LAB 구축에 여념이 없을 무렵, 인도네시아 서부 자바 치안주르 지역에 진도 5.6의 지진이 발생했다2022년 11월 21일 발생. 지진 규모상 '강'에 해당하진 않았지만 진앙지가 지표면 인근에 위치해 대규모 사상자가 발생하였다사망 334명, 실종 8명, 중상 44명, 가옥 파손 53,408가구, 이재민 114,000명. 이는 초기에 발표된 규모이고 나중에 대부분의 수치가 두 배 이상으로 크게 증가하였다. 사망자 중에는 어린이들이 많았다.

한국에서 파견된 직원들은 난생 처음 겪는 지진에 공포를 느꼈지만, 공포감에 젖어 있을 새가 없었다. 순식간에 생활 터전이 파괴되고 가족이 목숨을 잃은 인도네시아 주민들의 울부짖음이 울려 퍼졌기 때문이다. 지진 후 폭우까지 쏟아져 구조가 힘들었고 여진이 이어져 공포가 만연했다. 병원 앞에는 문을 열어 달라는 주민들의 호소와 구급차 사이렌 소리가 뒤엉켰다.

SCL헬스케어는 치안주르 지진 소식을 접하고 긴급하게 인도네시아 피해 주민들을 돕기로 결정했다. 인도네시아 현지에선 구호물품 지원이 가장 시급했기에, 1억 루피한화로 약 15억 6,000만 원 이상 상당의 구호 용품이불, 방수포, 기저귀, 생수, 라면 등을 현지로 보냈다.

이 같은 대응은 당시 우리 언론에 보도되지 않았다. 인도주의적 차원으로 이재민들을 돕는 게 급선무였다. 인도네시아 국민들의 건강을 위한다는 사명감을 가졌다면 이들이 빠진 비극도 외면해서는 안 되는 것, 이것이 진정성이 아닐까. 해외에 진출을 모색 중인 기업들은 어떤 마음가짐으로 해당 국가 국민들에게 다가가야 하는지를 진지하게 생각해 볼 필요가 있다.

SCL헬스케어의 해외진출 성적표는 현재까지 '상위권'이다. 지금은 한국보건산업진흥원이 주최한 의료 해외진출 프로젝트 지원사업에 선정되고, 베트남에 한국형 검진센터 설립을 계획하는 등 다음 스텝을 착실하게 밟아 가고 있다.

앞으로 더 큰 꿈이 있다. 그룹의 각 계열사들이 해외로 진출하는 것, 그리고 선진국이라 일컫는 미국과 유럽에 발을 내딛는 것이다. 바야흐로 세계에 한국의 시대가 열렸다고 해도 과언이 아니다. 한류라는 이름으로 우리의 드라마, 영화, 음악, 음식, 패션이 전 세계적으로 각광받고 있다. 이제는 의료의 차례가 아닐까. 이경률 회장은 향후 수년 안에 K-메디컬이 전 세계 의료계의 주도권을 잡을 거라고 단언했다. SCL헬스케어가 인도네시아에 랩을 만들면서 K-LAB이라고 이름을 붙인 이유도 이런 염원을 담았기 때문이다.

SCL헬스케어의 해외사업 전망을 지금 예단할 수는 없다. 분명한 건 지금까지 했던 것처럼 해외시장을 철저히 분석하고, 현지 사정에 정통한 국내 파트너와 손을 잡으며, 열정적인 직원들과 일하면서 진정성 있게 해외 국가들에게 다가간다면 충분히 꿈을 이룰 수 있다는 것이다. 그리고 이 네 가지 성공 요건은 해외사업의 성공적 진출을 꿈꾸는 다른 기업들에게도 유효하다.

실패하라 그리고 도전하라

새로운 검사법 개발

어떤 기업이나 성공만으로 역사가 장식되진 않는다. 앞서 얘기했듯이 인간에게 실수는 본성이기에, 인간이 만든 역사에 성공만 있을 리 없다. 그럼에도 불구하고 많은 기업들은 실패에 대한 이야기를 하는 걸 두려워한다. 실패하면 곧 패배자라는 등식이라도 있는 양 성공은 무대 위로, 실패는 무대 뒤 두꺼운 커튼으로 감싸 놓는다. 하지만 승승장구한 기업일수록 그 이면을 열어 보면 실패 경험이 많다. 실패를 분석해서 기초 자료로 삼았기에 성공할 수 있었던 것. 그리고 보면 성공을 위해 실패만큼 훌륭한 교본은 없다. 여기서는 SCL이 겪은 실패가 될 뻔한 사건, 그리고 극복기에 대해 이야기해 보고자 한다.

첫 번째 이슈는 정확성 높은 산전기형아검사 개발에 대한 것이다. 건강한 아기를 출산하는 건 임신 중인 부부들에게 너무나 간절한 꿈이다. 그러나 과거에 비해 결혼 및 임신 연령이 높아지고 환경오염 문제가 심각해지면서 기형아 출산에 대한 우려가 나날이 커지고 있다.

우리나라는 OECD경제협력개발기구 국가들 중에서 합계출산율여성 1명이 평생 동안 낳을 수 있는 평균 자녀 수이 1명 미만인 유일한 나라다. 2022년 출생아 수는 25만 명 아래로 떨어져 10년 전과 비교해 절반 수준으로 감소하였다. 반면 고위험 임신은 급증했다. 가뜩이나 출산율이 감소된 상황에서 고위험 임신이 증가하므로, 산전기형아검사에 대한 관심이 높아지고 있다. 특히 다운증후군, 에드워드증후군, 파타우증후군 등 삼염색체성 질환의 발생 위험도가 커졌다. 의료기관들은 태아를 상대로 기형아선별검사를 실시해 검체검사기관들에 의뢰하고 있는데 목 뒤 투명대 검사NT ; Nuchal Translucency, 모체혈청 선별검사MSST ; Maternal Serum Screening Test, 비침습적 산전기형아검사NIPT ; Non-Invasive Prenatal Testing, 융모막 융모검사CVST ; Chorionic Villi Sampling Test, 양수검사AFT ; Amniotic Fluid Test 등이 검체검사기관들에 의뢰되는 산전기형아검사 유형이다.

예비 부모들은 산전기형아검사로 인하여 몇 가지 어려움을 겪을 수 있다. 잘못 검사했을 때 태아를 위태롭게 하거나 합병증을 유발할 수 있고, 검사결과가 부정확하면 기형아 선별에 실패할 수도 있다. 이런 점들 때문에 의료인들은 기형아 선별의 정확성을 보다 높이고 산모와 태아의 안전을 지킬 수 있는 검사법에 관심이 많다.

SCL은 기존에 시행되던 침습적 또는 일부 비침습적 검사들보다 훨씬 더 정확도가 높은 검사를 최근 자체 개발하였다開발은 완료되었으며 질병청 신고까지 마친 상태로, 2023년 도입 예정. NGSNext Generation Sequencing, 차세대 염기서열분석기법를 이용한 비침습적 산전기형아검사NIPT이다. 이 검사법은 극히 소량의 DNA까지 분석함으로써 기존 검사법에 비해 더 민감하고 빠르며 위양성률이 적고 비침습적 검사 중 정확도가 높다는 장점이 있다. 현재까지 목 뒤 투명대 검사와 모체혈청 선별검사의 위양성률은 3~19%로 보고되고 있으며, NIPT 검사의 경우 위양성률이 0.1% 미만으로 알려져 있다. SCL에서 개발한 NGS를 활용한 NIPT 검사법은 검증 결과 민감도/특이도 모두 100%이고, 위양성률·위음성률 모두 0%이다.

사실 SCL이 개발한 검사법은 기존에 상용화되었던 NIPT와는 방법이 달라서 데이터 해석 방법을 도출해 내기가 쉽지 않았다. 기존 검사법들은 기준치가 있어 연구결과를 확인하고 분석하는 데 어려움이 없지만, NGS를 활용하는 경우 모체의 DNA에서 태아의 DNA를 분리cffDNA ; cell-free fetal DNA, 세포 유리 태아 DNA는 태반 기원의 유전물질이며 임신 중 산모 혈액에서 순환한다해야 하는데 이 과정이 쉽지 않으며, 염색체 이상 유무를 판단하는 생물정보학적 해석 과정의 수립 및 검증 기준을 새롭게 정립해야 했다. 뭐든지 선행 모델이 있으면 그 뒤를 그대로 따르면 되지만, 새로운 길을 개척하려면 숱한 사건과 실수를 반복해야 하므로 그만큼 힘들다. 기술개발에 투입된 연구원들은 샘플검사를 수없이 반복하여 데이터 해석 방법을 도출해 나갔다. 기대하던 결과가 나오지 않는 시간이 계속되었고 좌절감과 함께 실패할 수도 있다는 두려움도 있었지만, 포기할 수는 없었다.

NGS를 활용한 NIPT 검사법은 이토록 숱한 도전의 시간을 딛고 곧 상용화를 눈앞에 두고 있다. 만약 SCL 기술개발 연구원들이 성실함과 끈기를 가지고 업무에 임하지 않았다면 SCL만의 새로운 기술은 탄생하지 못했을 것이다.

완전한 실패로 끝난 줄 알았는데 전혀 예상하지 못한 일의 계기가 되었던 일도 있었다. 2006년 일본 임상검사기관 LSIM은 한국과 일본이 포함된 다국가 임상연구를 SCL에 제안했다. 주제는 '흡연/비흡연자의 건강지표'였다. 이에 SCL은 국내 대학병원들과 함께 다국가 임상연구에 참여하기로 결정했는데, 생각지 못한 복병을 만나게 되었다. 국내 언론매체들이 의약품이 아닌 담배를 임상시험하는 것에 대해 윤리적인 문제가 있다고 보도했던 것이다. 여론이 좋지 않게 흘러가면서 우리나라는 이 연구에 참여하지 못하게 되었다.흡연에 관한 연구는 국내외에서 꾸준히 있었다. 그때마다 담배를 연구한다는 자체가 비난을 받거나, 다국적회사들의 입김에서 자유롭지 못한 '이해상충' 연구라는 비판이 존재했다.

SCL이 임상시험부서를 분리한 후 최초로 도전한 국제 공동 임상시험은 최종 불발되었으나, 그간 업무를 진행하면서 신뢰를 쌓아 온 덕분에 SCL은 LSIM과 조인트 벤처를 기획해 보기로 하였고, 현재

C-LAB의 근간이 된 SOP 구비와 분석서비스 구축이 가능해졌다. 국내 어느 검체검사기관보다 빠르게 C-LAB을 분리 운영하여 업무 프로세스와 체계를 정립할 수 있었기에, SCL은 임상시험검체분석기관의 표준기관GCLP ; Good Clinical Laboratory Practice으로 거듭날 수 있게 되었다.

만약 다국가 임상연구가 불발된 것에 낙심하고 SOP 구축을 포기했다면, 지금의 C-LAB은 성장을 멈추었거나 도태되었을지도 모른다. 일하는 과정에서 어려움에 맞닥뜨리더라도 이를 재정비의 기회로 삼고 다음을 준비해야 한다. 그렇게 했을 때 새로운 일, 새로운 희망을 도모할 수 있다.

실패 뒤의 성공을 발견해 내는 용기

포스트잇 노트는 실패를 딛고 더 큰 발전을 이룩한 기업 사례 중 대표로 손꼽힌다. 1970년대 3M 연구원 스펜서 실버Spencer Silver는 기존 3M 제품보다 훨씬 더 강력한 접착제를 개발하기 위한 연구에 빠져 있었다. 그러나 그가 원하는 성능의 접착제 대신에 다른 성능의 접착제가 탄생했다. 끈적이지 않고 용해되지 않으며 잔류물 없이 제거할 수 있는 약한 성분의 접착제였다. 접착력이 약해서 어딘가에 잘 달라붙지 않는 접착제를 보면서 그는 이걸 어떻게 사용해야 할지 알 수 없었다. 회사 내 세미나에서 해당 물질을 발표했지만 별다른 성과 없이 시간이 흘렀다. 그러나 실버는 자신의 발명품인 접착제가 워낙 특이하다는 생각에 포기하지 않고 연구를 계속하였다.

몇 년 후 3M 직원 아서 프라이Arthur Fry는 교회에서 찬송가를 뒤적이다가 종이가 와르르 떨어지는 걸 보았다. 찬송가를 쉽게 찾으려고 끼워 놓았던 종이가 자꾸만 떨어졌고 풀로 붙였더니 떨어지지 않아 골치였다. 이때 회사에서 들었던 스펜서 실버의 접착제 이야기가 번뜩 머리에 떠올랐다. 아서 프라이는 실버의 접착제를 사용해 '종이에 잘 붙였다 뗄 수 있는 종이'를 만들 수 있겠다고 생각해 회사에 보고했다.

회사의 반응은 시큰둥했다. 해당 신제품이 시장에서 좋은 반응을 얻을 거라고 예상하기엔 아무 데이터가 없었던 것. 그러나 두 사람은 낙담하지 않고 연구를 거듭해 마침내 포스트잇을 출시했다처음엔 북마크로 출시, 나중에 오늘날의 포스트잇이 되었다. 처음 시장은 이 획기적인 신제품에 무반응했다. 그러나 기업들에게 견본품을 보내는 등 적극적인 홍보 전략을 펼쳐 마침내 대성공을 거두었다. 이 일은 3M이 직원들의 실패를 관대하게 포용하는 사내 문화를 유지하는 데 큰 기여를 하였다.

1993년 애플은 애플 최초의 휴대용 단말기 뉴턴Newton을 출시했다. 가볍고 날렵한 두께의 패드와 태블릿PC를 사용하는 오늘날의 시선으로 보기엔 상당히 고전적이지만, 이는 아이패드와 아이폰의 조상으로 여겨지고 있다. 스타일러스 펜을 이용해 흑백 액정스크린에 직접 글을 쓰거나 그림을 그릴 수 있어 처음엔 호평을 받았지만 시장에서 오래 견디지 못하고 사라졌다. 스크린이 필기를 잘 인식하지 못하는 데다 가격이 고가이고, 크기가 크며, 속도가 느렸던 점들이 실패 요인으로 꼽힌다.

그럼에도 우리가 이 제품을 기억해야 하는 이유는, 뉴턴 출시가 1990년대 초반이라는 점 때문이다. 이 시대에 패드와 태블릿PC의 조상급이 출시되었다는 건 놀라운 기술이라 할 만하다. 애플은 뉴턴의 실패로 인해 휴대용 기기가 무엇을 갖춰야 하는지를 학습할 수 있었고, 그 결과 아이폰과 아이패드를 만들어 대성공을 거두었다. 1997년 애플로 복귀한 스티브 잡스는 뉴턴을 폐기했지만, 뉴턴을 개발하던 팀원들은 새로운 기기를 만드는 데 투입되었다. 단지 실패를 비관하기만 했다면 이후 아이폰과 아이패드의 성공은 기대하기 어려웠을 것이다.

미국의 WD-40 컴퍼니WD-40 Company는 1953년에 다목적 방청 윤활유 'WD-40'을 출시했다. 이 제품은 금속 표면에 제습 및 방습 효과가 있고, 표면 잡음을 제거하며, 기름 얼룩 세정에도 효과적인 윤활유이다. 녹슨 금속에 뿌려 주고 닦으면 녹이 제거될 뿐 아니라 반짝반짝 윤기가 난다.

이 제품의 탄생은 포스트잇만큼 특이하다. WD-40은 본래 최첨단 병기 SM-65 아틀라스미국 최초 대륙간탄도유도탄(ICBM)의 표면 부식을 방지하기 위해 개발하던 부식방지제에서 비롯되었다. 부식방지제를 개발하기 위한 39번의 시도가 무위로 돌아가고 40번째가 좋아서 제품화한 것이다. WD-40은 'Water Displacement Perfected on the 40th Try'를 줄인 것이다. 미사일 기지 관계자들이 몰래 쓰다가 성능이 너무 좋다는 게 인정돼 상품화되었는데, 처음엔 캔 형태였다가 에어로졸 캔으로 바뀌어 1958년부터 소매점에 유통되었다.

이 제품의 성공으로 회사는 급성장하였고, 본래 다른 이름이었던 사명까지 제품명과 동일하게 바뀌어 버렸다. 1960년 초반 텍사스주에 대홍수가 났을 때 침수된 차량과 기계장비를 수리하고, 월남전 때 군에서 녹슨 무기를 수선하는 데 사용되었다. 지금은 WD-40을 구비하지 않은 집이 없을 정도로 보급되었다. 금속 물질을 다루는 곳이면 어디에나 있으며, 우리나라를 비롯한 160여 개 국가에서 널리 사용되고 있다참고 : WD-40/나무위키 & 티스토리.

한 제품을 개발하기 위해 39번의 실패를 반복했다는 건 그 회사 구성원들의 인내심이 대단하다는 증거이다. 만약 창립자 노먼 라슨Norman Larsen과 그의 직원들이 39번의 실패가 끝나고 좌절해 더 이상 시도하지 않았다면 WD-40은 탄생하지 못했을 것이다. 40번째의 성공은 39번의 실패를 의미 있고 보람차게 만들었다.

일본의 대표적 비디오게임 제작사 닌텐도는 1889년 창립되었다. 처음엔 화투를 만든 회사였고, 1953년 세계 최초로 플라스틱 재질 트

럼프카드를 생산하여 성공을 거두기도 했다. 이후 이런저런 사업을 벌이다가 실패하면서 사업이 기울었고, 장난감 제조사업으로 사업 방향을 바꾸었다가 1977년 전자 비디오게임기를 만들기 시작했다.

1980년엔 미국에 닌텐도 오브 아메리카를 설립하고 '레이더 스코프Radar Scope'라는 게임을 수출했는데, 처음엔 그다지 좋은 반응을 얻지 못했다. 수익은 고사하고 마이너스를 이어 가던 중 새로운 비디오게임 '동키콩Donkey Kong'으로 기사회생하는 데 성공한다. 그동안 쌓아놓은 재고를 팔아 치운 것은 물론, 매출이 플러스로 돌아선 것이다. 1985년엔 '슈퍼 마리오Super Mario' 시리즈로 공전의 히트를 기록하였다. 이제 닌텐도는 마니아층을 다수 보유한 세계적 비디오게임 회사가 되었다. 만약 닌텐도가 1980년대 초 미국 진출 실패로 좌절하여 사업을 접었다면 오늘날과 같은 거대한 비디오게임 제작사로 레벨업하진 못했을 것이다.

많은 이들이 실패를 감추고 모른 척하는 버릇이 있다. 인간은 완벽한 존재가 아님에도 티끌 한 점 없는 완전무결한 존재인 척 가장한다. 실패가 두렵기 때문이다.

실패는 내가 그동안 들였던 노력, 물적 자원, 시간이 쓸모없어졌다고 착각하게 만든다. 무엇보다 스스로에게 '실패한 사람'이라는 낙인을 찍게 만든다. 그래서 실패를 두려워하지 않고 스스럼없이 받아들인다는 건 말처럼 쉬운 일은 아니다. 실패를 산 경험으로 만들지 못하는 한 이런 열패감은 사라지지 않을 것이다.

우리가 실패를 드러내 놓고 말해야 하는 이유는 이것이야말로 성공으로 나아가기 위해 반드시 거쳐야 할 관문이기 때문이다. 위의 기업들도 실패를 새로운 도약을 위한 밑거름으로 삼았기에 성공을 거둘 수 있었다. 그동안 미처 생각하지 못했던 방향성, 새로운 기회로의 문, 혁신의 발판으로서 실패를 바라보았기에 가능했다.

기업은 직원의 실패를 용인할 수 있어야 한다. 실패를 낮춰 평가하고 그에 대한 책임을 묻는다면 어느 누구도 창의적 아이디어에 도전하려 하지 않을 것이다. 직원들의 다양한 시도를 격려하고, 이를 기록하고 결과를 분석해서 더 나은 방향을 모색해야 한다. 시도 자체가 의미 있다고 생각하고 성공, 실패 두 가지를 모두 분석하는 것이다. 성공은 그것대로 더 발전시켜 나가고, 실패는 과정과 결과를 살펴서 무엇을 개선해야 할지 고민해야 한다. 특히 실패를 분석하면 프로세스, 자원 투입 정도, 내부 의사결정 과정 등 그간 무엇이 잘못되었는지 돌아볼 수 있는 게 많다.

미국 방송인 오프라 윈프리Oprah Winfrey는 "실패는 우리가 어떻게 실패에 대처하느냐에 따라 정의된다"고 말했다. 그의 말처럼 실패에 대한 정의는 실패 다음의 행보에서 결정된다. 내가 실패에 매몰되지 않고 뒤에 다가올 시간을 재설계해 나가면 이후 판도는 180도로 달라질 수 있다. 수많은 실패 너머 빛나는 성공을 맞이할 것인지, 무릎을 꿇고 말 것인지는 스스로에게 달려 있다.

과학적 데이터에 대한 사명감

연구원들을 긴장시킨 두 마디

학교 다닐 때 과학 교과서에서 '미토콘드리아'에 대해 배워 본 적이 있을 것이다. 미토콘드리아는 세포 내에 존재하는 세포소기관으로, 세포 내에서 에너지 생성 반응인 세포호흡의 역할을 한다. 쉽게 말해 에너지를 생산하는 공장이라고 보면 되는데 세포 주기, 세포 분화, 세포 사멸, 신호 전달 등에도 관여한다. 내피와 외피 등 이중 막 구조로 구성되어 있으며, 구불구불하게 생긴 내막 안에는 미토콘드리아 특이적인 DNA, rRNA 및 tRNA 등이 있다.

SCL CB센터Companion Biomarker Center는 I의과대학병원 L교수로부터 유전자 분석을 의뢰받았다. 10년간 가습기 살균제 피해 사례를 연구해 온 L교수가 피해자들을 대상으로 세포 내 미토콘드리아에 있는 핵산 분석을 해달라는 의뢰를 한 것이었다. 가습기 살균제 피해자 그리고 미토콘드리아 핵산 분석. 이 두 마디는 CB센터 연구원들을 긴장시키기에 충분했다.

가습기 살균제 사건은 인체에 유해한 성분이 함유된 가습기 살균제로 인하여 대규모 인명피해가 발생했던 사건을 말한다. 우리나라에서 일어난 사회적 참사 중에서 최악의 사건으로 꼽힌다. 우리나라에서만 유일하게 가습기 살균제가 출시되어서 다른 나라에서는 사례를 찾아볼 수 없다.

1990년대 중반 즈음 봄만 되면 원인을 알 수 없는 폐질환 환자들이 발생하기 시작했다. 이 문제는 2000년대 중반부터 심각성이 인지되었고, 의료계는 정부에 보고했으나 제대로 된 실태조사가 이뤄지지 않았다. 2011년이 되어서야 뒤늦게 역학조사를 통해 가습기 살균제의 유해성분 때문이었음이 밝혀지면서 전 국민은 충격과 공분에 휩싸였다.

가습기 살균제 성분 중 가장 큰 문제로 지목된 건 폴리헥사메틸렌 구아니딘 인산염PHMG-P으로, 동물 호흡기가 이 성분에 노출되면 치명적인 폐손상이 발생한다. 학계에서는 PHMG-P 외에도 클로로메틸이소티아졸리논CMIT/메틸이소티아졸리논MIT의 유독성과 폐질환에 대한 인과관계 연구가 필요하다고 주장하고 있다.

L교수는 피해자들 중 세 가족을 선정해 그들 전원의 핵산을 분석해 미토콘드리아 돌연변이 여부를 알고 싶어 했다. 이렇게 생각하게 된

계기는 가습기 살균제 피해자들에게 나타난 만성피로증후군 때문이었다. 피해자들은 심부전과 호흡부전, 폐섬유화 등 폐질환에 시달리면서 장기적으로 극심한 피로감을 일관되게 호소하였다. 이에 L교수는 우리 몸의 에너지 공장 역할을 하는 미토콘드리아 이상을 의심하게 되었다. 그는 대상자들의 혈액을 뽑아서 세포 형광염색을 한 후 미토콘드리아 세포막을 검사했고, 일반적인 미토콘드리아와 모양이 달라졌음을 확인했다. 무엇보다 가습기 살균제 1차 피해자가 결혼 후 자녀를 출산했는데, 그 자녀도 비슷한 증상을 보인 임상적 소견으로 인해 L교수는 생식세포 수준에서 돌연변이가 발생했을 가능성을 의심했다. 이것이 그가 SCL에 미토콘드리아 돌연변이 검사_{정확하게는 NGS 유전자 변이 검사}를 의뢰한 이유였다.

난감했던 점은 SCL CB센터가 그때까지 세포 속 미토콘드리아만 분리하는 작업을 해본 적이 없었다는 것이다. 국내에서 NGS 분석_{하나의 유전체를 수많은 조각으로 나눈 다음, 전산으로 염기서열을 조립하여 유전체 정보를 분석하는 차세대 염기서열 분석법}을 할 수 있는 기관이 몇 곳 되지 않고 SCL이 그중 하나였지만, 미토콘드리아만 따로 해본 적은 없었다.

혈액세포 속에서 미토콘드리아만 따로 분리하는 건 상당히 어려운 기술이었다. 그렇지만 연구원들은 기꺼이 도전을 결심했다. 어마어마한 양의 논문을 뒤지면서 분리 방법을 찾았고 실험을 거듭했다. 수많은 피해자를 양산하고도 아직 법적 다툼이 진행 중인 사건, 많은 사람이 목숨을 잃고 살아 있는 사람은 지금까지 고통으로 신음하고 있는 사건에 대한 의뢰이니만큼 평소보다 더욱 사명감을 갖고 임했다.

결과는 놀라웠다. 가습기 살균제의 영향을 의심할 수 있는, 피해자에게서만 특징적으로 관찰되는 미토콘드리아 돌연변이를 발견한 것이다. 미토콘드리아 막에 구멍이 숭숭 뚫려 있었는데, 대조군과 비교해 봐도 확연히 차이가 났다. 또 한 가지 놀랐던 점은 이것이 유전된다는 사실이었다. 가습기 살균제를 접했을 때 미혼이었던 피해자들 중에 결혼하여 자녀를 낳은 경우가 있었는데, 자녀의 미토콘드리아도 부모처럼 구멍이 뚫려 있었던 것이다.

살균제의 유독성분이 어떻게 해서 미토콘드리아에 돌연변이를 일으키는지 그 메커니즘은 앞으로 더 연구가 필요하다. 그러나 돌연변이를 발생시킨다는 사실은 확실하게 확인되었다. SCL은 이 같은 검사 결과를 L교수에게 전달하였다. L교수는 가습기 살균제가 인체에 미치는 악영향, 피해자들의 고통을 널리 알리는 데 힘을 쏟고 있으며 계속 연구를 이어 가고 있다2021년 7월 열린 가습기 살균제 심포지엄에 따르면 미토콘드리아 이상은 당뇨병, 대사증후군, 알츠하이머병, 파킨슨병 등의 발병과 연관성이 크다고 한다.

증발된 범인

증발된 범인. 이는 언론에서 가습기 살균제 피해 사건을 보도하면서 한 말이다. 총 7,811명철회자 200명 포함의 피해 신고가 접수됐고, 폐섬 유화로 인한 사망자는 신고된 숫자만 1,802명에 달한다참고 : 가습기살균제 피해지원 종합포털/2023. 1. 31. 기준. 1994년 출시 이후 2011년 원인이 처음 규명될 때까지 17년이 걸렸음을 감안하면 통계에 포함되지 않은 피해자는 훨씬 더 많을 것으로 추정된다.

가습기 살균제 피해 사례를 연구하는 여러 의학자들은 피해가 단지 폐에 국한되지 않으며 전신에 영향을 미친 걸로 보고 있다. 현재 6,009명이 폐질환을 비롯해서 온갖 질환에 시달리고 있다. 피해자들이 겪는 질환을 보면 피부질환, 만성피로, 정신질환, ADHD까지 다양하다정부가 인정하는 가습기 살균제 관련 질환은 폐진환, 천식, 태아 피해, 독성간염, 아동·성인 간질성 폐질환, 기관지확장증, 폐렴, 기관지염, 상기도 질환군 등 10개로 제한돼 있다.

1994년 '전 세계 최초 가습기 살균제 출시'라는 광고로 대대적인 홍보가 이뤄질 때만 해도 이런 일이 벌어질 거라는 건 아무도 예상하지 못했다. 국민들은 원인 불명의 '괴질'로 공포에 떠는 동안 정부 차원에서 아무런 대응이 없어서 피해가 더욱 커졌다. 최초로 제품을 출시한 기업을 포함해 가습기 살균제를 출시한 기업들 중에서 어느 한 곳도 화학성분의 인체 유독성을 제대로 파악하지 않은 채 제품을 출시했다는 점은 충격적이다성분에 대한 실험을 맡겼으나 결과가 나오기 전 제품을 출시했다. 그런 제품에 정부가 인증한 KC마크가 버젓이 부착됐고, 기업들은 인체에 무해하다는 광고를 계속하며 제품을 판매했다.

지금까지 제품의 제조와 유통을 담당했던 이들에 대한 제대로 된

처벌, 피해자들에 대한 진정한 보상이 이뤄지지 않아 피해자들의 고통은 가중되고 있다. PHMG-P 성분을 사용해 제품을 만든 O사의 전 대표를 포함 4명이 징역형을 받았을 뿐이다. 2021년 1월 12일, 가해 기업 임직원 13인의 업무상 과실치사상 혐의에 대해 1심 재판부는 전원 무죄를 선고했다. CMIT/MIT와 폐질환 발생과의 인과관계를 입증할 수 없다는 게 이유였다. 2022년 4월엔 가습기 살균제 피해구제 조정위원회가 내놓은 피해구제 조정안을 7개 기업이 받아들였으나, O사와 A사는 거부하였다. 언제쯤 피해자들의 눈물을 조금이라도 닦아 줄 수 있는 세상이 될지 지금으로선 알 수 없다.

2021년 6월, 가습기 살균제로 인해 피해를 입은 25가족_{총 63명}의 이야기를 담은 수기집 《내 몸이 증거다》가 출간됐다. 피해자들은 가습기 살균제로 인해 입은 신체질환을 상세히 기술하였다. 단지 눈으로 드러난 고통뿐 아니라 정신적 어려움, 경제적 피해까지 피해자들의 고통은 여전히 현재진행형이다. 언론 보도대로 범인은 증발되었고, 수많은 피해자들만 피눈물을 흘리고 있다.

가습기 살균제가 최초로 시판된 지 29년, 원인 미상 폐질환의 원인이 살균제 유해성분이라는 게 밝혀진 지 올해로 12년째이다. 유독성분으로 상품을 만든 제조사의 무책임에 정부의 안일함이 가세해서 만들어 낸 희대의 비극이다. 다시는 이런 비극이 벌어져서는 안 될 것이다.

또한 가습기 살균제 사건은 연구자들이 상품 개발, 효능 및 부작용

아무리 좋은 기술이 있어도 그걸 올바르게 사용하지 못하면 무가치하다. 개발자/연구자는 자신이 하는 일이 세상에 꼭 필요한 빛이 될 수도, 불특정 다수를 해치는 흉기가 될 수도 있음을 알아야 한다.

연구와 관련하여 어떤 마음 자세를 가져야 하는지를 생각하게 해주는 사건이기도 하다. 언론 보도로 알려져 있듯이 10년 넘게 책임 공방이 이어지는 가운데, 가해자의 편에 서서 몰래 이익을 편취하고 연구결과를 임의로 조작했거나 유해성을 파악하고도 모른 체했던 것으로 의심받는 이들이 있다. 이들의 비윤리성은 지탄받아 마땅하다. 그 어떤 것도 인간의 생명보다 앞서서는 안 된다. 제조회사에서 상품을 개발하는 개발자와 상품의 효능과 부작용을 연구하는 연구자는 자기 직업이 가진 무게감을 엄중하게 생각해야 한다. 그리고 기업은 자본의 논리로 개발자/연구자에게 생명을 경시하는 일을 하게 해서는 안 된다. 전문가들이 자본의 힘 앞에 순응할수록 세상은 혼탁해진다.

SCL은 가습기 살균제 피해의 참상을 알리기 위해 오랫동안 노력해온 교수로부터 의뢰를 받아 객관적이고 공정하게 검사를 진행하였다. 고난이도의 기술을 요하는 데다 힘 있고 돈 많은 기업들에 영향을 미치는 일이었지만, 굳이 피해 가려 하지 않았다. 누가 무엇을 의뢰하든 과학적 데이터를 만들어 내겠다는 사명감이 있었기에 가능했다. 가습기 살균제 피해자들을 대상으로 미토콘드리아 핵산 검사를 실시한 건 국내 최초로, 검사결과를 도출하는 데 성공했다는 것 자체만으로는 자랑스러운 일이었지만, 피해자들의 고통을 생각하면 너무나 뼈아픈 사건이었다. 생명과 관련된 일은 어떤 이유로든 타협해서는 안 된다.

아무리 좋은 기술이 있어도 그걸 올바르게 사용하지 못하면 무가치하다. 개발자/연구자는 자신이 하는 일이 세상에 꼭 필요한 빛이 될 수도, 불특정 다수를 해치는 흉기가 될 수도 있음을 알아야 한다. 윈스턴 처칠Winston Churchill은 "타협하는 사람은 마지막에 악어에게 잡아먹힐 걸 알면서도 악어에게 먹이를 주는 사람"이라고 말했다. 윤리를 저버린 상품에 동조하는 이들은 순간 시장을 지배할 순 있어도, 종국에는 스스로가 만든 악어에 잡아먹히고 말 것이다.

4장
진흙에서 건져 올린 다이아몬드

모두가 진흙탕에 빠져서 불평과 원망을 늘어놓을 때
누군가는 그 속에서 다이아몬드를 건져 올린다.
위기를 탓하기보다 극복하기 위해 노력하라.
그러면 다이아몬드처럼 빛나는 기회를 움켜쥐게 될 것이다.

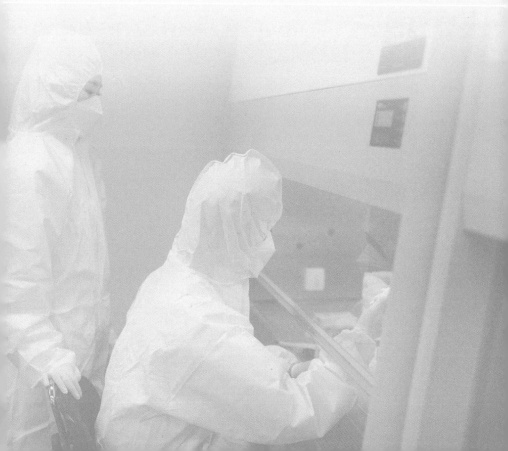

코비드-19 쓰나미를 이겨 내다

세상에서 가장 무서운 말

"팀장님, 혹시 잠시 시간 있으세요?"

설마. 직원의 말을 듣는 순간, 분자진단팀 팀장은 움직임을 멈췄다. 마치 누군가 일시정지 버튼을 누른 것처럼. 제발, 그것만은 안 되는데…… 어떻게 해서든 이 상황을 모면해야 한다. 그러려면 뭐라고 말해야 할까. 팀장의 머릿속에 온갖 생각들이 날아다녔다.

"아, 내가 지금 시간이 안 되는데……."

"잠깐만 시간 내 주세요. 꼭 드릴 말씀이 있습니다."

직원은 앞장서서 걸었다. 그의 발걸음에서 결연한 의지가 느껴졌다. 더는 피할 길이 없었다. 팀장은 별 수 없이 그의 뒤를 따랐다. 두 사람은 검사실 한 켠에 있는 테이블에 마주 앉았다.

"팀장님, 제가 이번 달 말까지만 일하고 그만두려고 합니다. 그동안 잘해 주셔서 감사했고…… 죄송합니다."

결국 그 말이었다. 팀장은 눈을 질끈 감았다. 또 한 사람이 떠나는 구나. 이유는 물어볼 필요도 없었다. 코로나 팬데믹 이후 얼마나 많은 팀원들이 회사를 그만두었는가. 그 직원 역시 검체량이 폭증하면서 연일 계속되는 밤샘, 초과근무를 감당하기 힘들었을 터였다. 팀장은 지금 사정이 급박하니 예정보다 2주만이라도 더 일해 달라고 부탁했는데, 고맙게도 그는 한 달 더 일하겠다고 화답해 주었다. 자리로 돌아가는 직원의 뒷모습을 보면서 팀장은 쓰디쓴 입맛을 다셨다.

구인 공고를 어떻게 내야 할까. SCL은 거의 매달 구인 공고를 올리고 있었다. 창사 이래 이렇게까지 공고를 많이 낸 적이 있었나 싶었다. 업무 내용에 코로나 검체검사를 한다고 적어야 할까, 거짓말 아닌 거짓말을 해야 할까, 고민스러웠다. 요즘 시국에 그렇게 쓰면 과연 사람을 구할 수 있을까. 머릿속이 복잡했다.

모든 팀원들이 전심전력을 다하는 가운데, 그는 그중에서도 돋보이는 직원이었다. 후배들을 챙겨 주고 선배들을 배려하면서 일했다. 팀장은 그가 얼마나 자기 일에 진심이었고 최선을 다했는지 잘 알고 있었다. 놓치기가 너무 아까웠지만 붙잡지 못했다. 이전에 사직서를 냈던 이들도 안타깝지 않았던 경우가 없었다. 일을 좋아했고 SCL에 다니는 걸 자랑스러워했다.

코로나 팬데믹이 몰고 온 어려움은 정말 많았는데, 그중에서 인력 문제는 정말 뜻대로 안 됐던 영역이었다. "견디다 못해 그만둔 직원들이 50% 가까이 되는 것 같다"는 게 분자진단팀장의 기억이다.

코로나 검체들은 마치 쓰나미 같았다. 거대한 파도가 해안을 덮치듯 끊임없이 밀려들어 왔다. 다음 날 얼마나 많은 양의 검체가 밀려들어 올지 예측하기도 어려웠다. 끝을 알 수 없다는 점이 무엇보다 분자진단팀 직원들을 두렵게 했다.

직원들은 폭증하는 검체를 감당하기 위해 휴일을 반납하고 매달렸다. 경력이 많은 직원들이 적잖았는데 일주일에 6~7일을 일하는 강행군이 계속되자 체력적으로 버티질 못했다. 팀장 역시 "한 달에 단 하루 쉬었던 적도 있었다"며 고개를 내저었다. 그만두는 사람들을 원망할 수 없었던 이유다. 코로나가 확산되면서 직원들도 감염되는 경우가 점점 늘어 갔다. 그만두는 직원들에 확진된 직원들까지, 일손이 줄어들면서 남은 직원들의 고통이 가중되었다.

우리 조상들은 호환마마를 가장 무섭게 생각했다고 한다. 호환마마란 호랑이로 인해 당하는 화와 천연두를 말한다. 조상들에게 호환마마가 두려움의 대상이었다면, 검사부 팀장들에게는 "잠시 시간 있으세요?"라는 말이 그랬다. 직원들 입에서 그 말만 나오면 바싹 긴장될 수밖에 없었다.

사신과 싸웠던 사람들

우리나라에 코로나 확진자가 처음 나왔던 건 2020년 1월 21일이었다. 이때만 해도 심각하진 않아서 감당할 만했다. 2015년 메르스 유행을 겪으면서 우리나라 질병관리본부현 질병관리청는 대규모 감염병에 대처하는 지침확진자 격리, 발생 장소 임시폐쇄, 역학조사, 접촉한 이들 격리·검사 등을 마련하였다. 그래서 2020년 초에 코로나 확진자가 최초로 발생한 후 확진자가 어떤 경로로 누구와 접촉했는지 추적하여 감염의심자를 선제적으로 찾아내고 있었다.

상황이 악화되기 시작한 건 2020년 2월 하순부터였다. 2월 18일 31번 확진자 발생을 기점으로 코로나가 본격적으로 확산되었다. 31번 환자가 참여한 대규모 종교집회를 중심으로 확진자가 가파르게 증가하였다. 검사량은 하루 1천여 건으로 늘어났고 다시 몇 천 건으로 뛰었다. 삽시간의 폭증이었다. 2021년에는 만 명을 훌쩍 넘어섰다.

분위기는 완전히 뒤집혔다. 국민들은 미지의 감염병에 대한 공포에 사로잡혔다. 중국에서 확진자가 있는 집 대문에 못을 쳐서 출입을 막는 광경이 연일 TV 화면에 등장했다. 우리나라를 비롯한 전 세계 코로나 위중증 환자들, 사망자들 소식이 TV와 인터넷을 통해 알려지면서 공포감은 극대화되었다. 약국엔 마스크를 구하기 위해 연일 사람들이 줄을 섰고, 거리는 한산해졌다. 식당이나 쇼핑몰 등은 사람들의 발길이 끊어지면서 매출에 직격탄을 맞았다.

의료현장은 그야말로 아우성이었다. 확진자가 폭증하여 병원 입원실이 부족했고, 다른 중증환자들 치료에도 악영향을 받았다. 원내감염이 발생해 의료진이 격리돼 가뜩이나 부족한 인력이 더욱 쪼그라들었다. 의료진들은 하루하루 낭떠러지로 떠밀려 가는 심정으로 버텨야 했다.

현장 상황이 급박하게 돌아가고 있었으나 방역물품과 검사도구·장비 확보, 선별진료소의 인력 배치, 의료기관의 방역지침, 의료기관에 대한 지원책, 지역 의료기관의 역할론 등 디테일한 방법론은 마련돼 있지 않았다. 그렇게까지 폭증할 거라고는 전혀 예상하지 못했던 탓이기도 했다. 의료인들은 자기 몸을 기꺼이 내던졌고 의료기관들, 검체검사기관들이 희생을 감수하면서 총력전을 펼쳤다. 이 같은 헌신이 없었다면 코로나 사태는 더욱 심각한 모양새로 전개되었을 것이다.

SCL 전체 부서에 비상이 걸렸다. SCL 분자진단팀이 하루 소화할 수 있는 검사량_{인력 추가되지 않은 상태에서 소화할 수 있는 검사량}은 500건 내외였다. 분자진단팀 직원들은 매일 출근하면 그날 진행될 검사를 시행하기 위한 준비를 한다. 검사장비와 도구를 점검하고 전날 검사자들의 검사결과를 인계받는 등의 일이다. 이런저런 준비가 끝나면 그날 해야 할 검사를 본격적으로 시행하고 그 결과를 전산에 입력한다. 이렇게 루틴을 가지고 차근차근 진행되던 업무체계는 코로나 팬데믹으로 여지없이 붕괴되고 말았다.

팬데믹 초기 분자진단팀이 겪었던 여러 가지 어려움 중 하나는 'COVID-19'라는 바이러스에 대한 정보가 부족하다는 것이었다. COVID-19는 기존에 한 번도 경험해 보지 못한 새로운 유형의 바이러스였다.

확산 초기엔 하루 3,000~4,000건 이상의 검체가 쏟아져 들어왔다. 검사량도 그렇거니와 정말 난처했던 것은 전달받은 검체들이었다. 검체와 검사기록지가 그야말로 뒤죽박죽이었던 것이다. 전국 보건소의 선별검사소들은 난생처음 겪는 대란에 멘붕에 빠지면서 검체와 기록지를 제대로 기록하지 못했다. 팀원들은 검체에 쓰인 표기와 검사기록지 정보를 일일이 대조해 가면서 기록을 바로잡는 작업부터 해야 했다.

주·야간의 로테이션은 지켜질 수 없었다. 주간에 일하는 인력이 야간에도 투입되었고, 야간에 일하는 인력이 주간에도 투입되었다. 8시간을 꼬박 일하고 숙소에 가서 잠시 쉬었다가 다시 출근해 근무했다. 폭증하는 검체 물량을 감당하기 위해 무작정 몸으로 때워야 했다.

한편으로는 검사도구와 장비를 필요량만큼 갖추기 위한 검체검사기관들의 전쟁이 시작되었다. 코로나에의 대응은 시간 싸움이었다. 몰려드는 검체량을 감당할 만큼의 검사장비와 도구, 인력을 빠르게 갖추는 게 가장 힘들었다.

전염병이 국내에 유입되면 질병관리본부^{현 질병관리청}는 위기경보를 발령한다. '관심 → 주의 → 경계 → 심각'의 4단계인데, 2단계인 '주의'부터 중앙방역대책본부가 설치·운영된다. 4단계인 '심각'은 범정부적인 총력대응 태세로, 필요 시 중앙재난안전대책본부가 운영된다. 코로나는 확산 시점인 2020년 2월 23일 '심각' 단계로 격상되었다. 시간을 두고 단계별로 차근차근 올라간 게 아니라 단박에 상승할 정도로 상황이 급박했기 때문에, SCL 내부적으로 그에 대한 물적 준비를 완벽하게 해놓은 게 아니었다. 이런 사정은 다른 검체검사기관도 마찬가지였다.

SCL은 제약사들과 접촉해 검사에 필요한 시약 및 장비를 주문하였다. 제약회사들도 코로나의 예고 없는 기습에 당황했던 건 마찬가지여서 주문 물량을 감당치 못해 발을 동동 굴렀다. 검체검사기관들은 누가 더 빨리 물량을 확보하느냐가 중요해졌다. SCL은 거의 전 부서가 나섰다. 행정부서에서 발주를 담당하지만 분자진단팀을 포함한 검사부서들도 평소 친분이 있는 제약회사 담당자들에게 연락해서 부탁했다. 간청, 애교, 독촉, 통사정 등 다양한 모양새로 간절하게 매달렸다.

팬데믹 초기 분자진단팀이 겪었던 여러 가지 어려움 중 하나는 'COVID-19'라는 바이러스에 대한 정보가 부족하다는 것이었다. 평소 의뢰되던 검체들에서 나오는 유병인자들은 이미 알고 있던 것이었다. 그런데 COVID-19는 기존에 한 번도 경험해 보지 못한 새로운 유형의 바이러스였다. 데이터가 어느 정도 쌓일 때까지는 안갯속이어서 정보를 알아 가고 익숙해지기까지 시간이 걸렸다.

전 세계적으로 위중증 환자와 사망자 보도가 많아서 분자진단팀 직원들은 감염에 대한 두려움을 겪었지만, 보호장구에 몸을 맡기고 검체분석에 날을 새웠다. 누군가는 사신死神과 싸워야 하고, 그래야 사람들을 구할 수 있으니까.

　PCR 검사, 정확히 '역전사 중합효소 연쇄반응RT-PCR'을 실시하는 검사자들은 레벨D 방호복을 착용한다. 방호복은 모자가 달려 있고 상체와 하체가 모두 한 통으로 연결돼 있어 아기가 입는 우주복과 비슷하다. 착용 방법은 다음과 같다. 손 소독을 하고 속장갑을 끼고 수술복을 착용한 다음 방호복을 입고 덧신을 착용한다. 그리고 N95 마스크와 고글을 착용하고 후드를 쓴 다음 겉장갑을 끼면 끝난다. 이렇게 착의하는 데 10분 이상 걸린다.

　겹겹이 몸을 감싼 상태로 10시간 넘게 일한다고 상상해 보라. 땀 흡수 및 배출에 탁월하다는 홍보문구가 버젓이 붙은 옷을 입어도 속절없이 땀이 흘러내린다. 에어컨이 빵빵하게 나오는 공간이라도 그랬다. 방호복 안에 수술복을 입는 이유도 땀 때문이다.

　화장실이라도 한번 갈라치면 방호복을 벗고 입는 과정을 다시 해야 하고 워싱washing 과정도 거쳐야 한다. 만약 오염됐다 싶으면 새것으로 갈아입어야 했다. 눈코 뜰 새 없이 바쁜 데다 번거로워서 참다 보니 화장실은 '가까이 하기에 너무 먼 당신'이 되어 버렸다. 대여섯 시간 참는 건 예사였고 나중에 9시간, 10시간까지 늘어났다. 각자 매일 최고 기록을 갈아 치웠다.

　화장실을 자주 가지 않을 수 있는 노하우를 공유하기도 했다. 물 그까짓 거 안 먹으면 어때, 12시간 정도는 가뿐하게 굶어 보자, 밥 대용 사탕 먹기 등등의 방법을 나누었다. 회사에서는 식사를 교대로 하도록 정해 두고 간식도 제공했지만, 팀원들은 초조하게 휴대폰을 붙들고 결과를 기다리고 있을 국민들을 생각해 먹고 자고 배설하는 '기본권'을 포기했다. 그래서 "화장실 몇 시간 동안 안 가 봤어?"는 코로나 팬데믹 시절 분자진단팀에서 흔한 극기훈련이 되었다.

고통스러운 시간을 견디게 하는 힘

코로나가 확산되던 초기, 코비드-19 검체검사를 담당한 SCL 분자진단팀 직원들은 집에 귀가하지 않았다. 감당할 수 없을 만큼 일이 많기도 했지만, 가서도 안 된다고 생각했다. 신종 바이러스에 대한 실체가 모두 파악되지 않았을 때였다. 메르스나 신종 인플루엔자 때도 그랬듯이 아무리 전문가라도 새로운 감염병이 두렵지 않을 수 없었다. 혹시라도 가족에게 피해를 끼치면 안 된다는 불안감에 스스로 격리를 선택했다.

회사는 이런 직원들을 위해 숙소를 잡아 주었고, 직원들은 숙소와 회사를 오가면서 전화 연락을 통해 가족과 안부를 주고받았다. 건강은 괜찮은지, 밥은 잘 먹었는지, 감염되진 않았는지 등등 갖가지 걱정을 들어도 "괜찮다"는 한마디로 답했다. 검사팀 직원들 공통의 걱정은 그 자신보다 가족이었다. 당시 상황을 팀장은 이렇게 회상했다.

"딱 아내에게만 내가 코로나 검체검사를 진행하고 있다는 걸 말해

줬죠. 절대 아무에게도 내가 하는 일을 말하지 말라고 했어요. 그랬다가는 사람들이 폭탄이라도 본 듯 피할 게 분명하니까요."

코로나가 본격적으로 확산되던 시기, 사회 분위기는 정말 험악했다. 처음엔 확진자와 밀접접촉자 모두 격리되는 게 방침이어서, 구급차가 오고 방호복 차림의 이들이 왔다 갔다 하면 그 동네 사람들 모두 긴장했다. 감염된 이들은 마치 죄인이라도 된 양 따가운 시선을 받았다. 인터넷에서는 몇 번, 몇 번 확진자 때문에 어느 곳에서 대량으로 감염자가 발생했다는 소식이 전파됐다. 슈퍼 전파자라 낙인찍힌 이들은 '네티즌 수사대'에 의해 강제로 신상이 공개되기도 했다. '찍히면 죽는다'란 말처럼 사람들은 사회적인 대재앙에 분풀이할 희생양을 찾고 있었는지도 모른다. 모두가 숨을 죽이며 몸을 사렸다. SCL 모든 직원들은 죄인이 아님에도 죄인처럼 '신분'을 숨겼다.

지금은 검사장비·도구 세팅이 다 되어 있고 인력 수급도 원활하기 때문에 4시간이면 검사결과가 나오지만, 초기 때는 8~12시간까지 필요했다. 국민들은 검사를 받으면 빨리 결과를 알고 싶어 했다. 검사결과를 보내 달라고 보건소, 병원에 독촉하는 이들이 많았다. 어떤 사람들은 참지 못하고 관할 보건소 담당자를 들들 볶다시피 해서 SCL까지 연락해 오기도 했다.

코로나와 관련해 일반인들의 연락은 크게 두 갈래로 나뉜다. 검사결과를 빨리 알고 싶다는 것과 검사결과에 대한 부정否定이다.

"곧 수술해야 하는데 결과가 왜 안 나오는 거예요!"

"내가 코로나 확진이라니, 말도 안 되는 소리 말아요!"

전자의 경우 상대의 흥분을 진정시켜 주면서 관할 보건소나 해당 병원에서 검사결과를 들어야 한다고 말해 준다. 당연한 말이지만 요즘은 개인정보보호법 때문에 함부로 정보를 알려 줄 수 없다. 다른 것도 아니고 환자 신상정보인데, 보호자라는 말 한마디에 휘리릭 넘겨줄 기관은 그 어디에도 없다. 피검사자 본인이 연락해도 그가 당사자임을 확인할 방법이 없고, 규정 위반이기도 하다. 때문에 전화기 너머 상대방이 아무리 흥분해도 "병원_{혹은 보건소}으로부터 결과를 받으셔야 한다"는 말을 조근조근 일러 줄 수밖에 없었다.

후자의 경우는 전자보다 훨씬 더 골치가 아프다. 검사결과가 양성이 확실한데 직업적 특수성으로 인해 사실을 부정하는 것이다. 예를 들면 요양보호사가 직업인 분이 자기 근무처에 코로나가 확산된 상태에서 자신이 전파자로 '오해'를 받았다면서 항의하는 것이다. 심정적으로는 이해할 수 있다. 당시 분위기를 감안하면 더 그렇다. 그렇다고 해도 과학적 팩트를 뒤집을 수는 없었다. 원하는 답을 듣지 못한 피검사자는 활화산 같은 분노를 쏟아 내며 음성이 확실하니 재검해 달라고 요구했다.

체력이 달리는데 그 와중에 불필요한 신경전 때문에 정신적 피로감 또한 만만찮았다. 그러나 피검사자의 곤궁한 처지를 이해하면서 그가 지금의 어려움을 잘 이겨 내길 마음속으로 빌어 주었다.

사람들을 괴롭히는 PCR 검사결과 유형

코로나19 바이러스 감염 여부를 확인하는 검사는 유전자 핵산 검사이다. 전 세계적으로 유전자 중 어느 부위를 검출하느냐에 차이가 있다. 우리나라의 PCR 검사 때 확인하는 유전자는 E유전자, ORF1b 유전자의 RdRp 부위, N유전자로 총 세 개이다. 비인두와 구강인두에 면봉을 넣어 검체를 채취하고, 여기에서 RNA를 추출 및 증폭해서 이들 유전자를 확인한다. 알려진 것처럼 검사결과는 음성 아니면 양성^{확진}이다. 양성으로 확진되었다가 완쾌되어 최종 음성으로 가기까지 사람마다 개인차가 크다. 누군가는 단번에 음성 판정을 받지만, 감염성은 없으나 바이러스가 몸 안에 남아 있어 양성으로 나오기도 한다. 이럴 때는 음성이 나올 때까지 계속 검사를 받아야 한다.

증폭 횟수에 따라 검사결과가 달라지기도 한다. RNA를 증폭하는 횟수는 검체시약에 따라 다소 차이가 있는데, 대개 30~40회 사이이다. 숫자가 작을수록 바이러스가 더 많다. 1로 갈수록 많은 바이러스가 몸에 있다고 보면 된다. 예를 들어 30회 증폭했을 때 양성이면 확실하지만, 34회까지 음성으로 나오다가 35회 때 양성으로 나오면 애매하다고 본다. 이럴 경우 재검을 실시한다. 검체가 남았다면 분석을 다시 하고, 바닥났다면 대상자로부터 검체를 다시 채취해야 한다.

코로나 검사를 진행하다 보면 가끔 양성과 음성이 아닌 '미결정 Inconclusive, 결정적이지 않은'이라는 결과가 나올 때가 있다. 음성과 양성의 경계, 컷오프cut-off 선에 딱 걸린 상태다. 감염 초기이거나 자신도 모르게 감염되어서 '바이러스 찌꺼기Fragment Virus'가 있을 때이다.

다수의 감염내과 전문의들은 '자신도 모르는 새 무증상 감염되었다가 자연 회복되었으나 바이러스의 흔적이 몸에 남아 있는 상태'일 때 이런 결과가 나올 수 있다는 소견을 밝혔다. '바이러스 찌꺼기'라고 부르는 바이러스의 흔적이 남아 있는 것이고, 타인에게 전염력이 없다. 코로나 확진 판정을 받았던 이들 중에도 완쾌 후 PCR 검사를 받으면 코로나 찌꺼기 때문에 '미결정' 판정을 받을 수 있다. '미결정'으로 애매한 결과가 나오면 검사자는 재검을 반복하고, 피검사자는 증상도 없는데 자가격리를 해야 하느냐며 항의한다. 검사자, 피검사자 모두 괴로운 유형이다.

위음성가짜 음성 : 실제로는 양성인데 음성이라는 결과가 나온 경우과 위양성가짜 양성 : 실제로는 음성인데 양성이라는 결과가 나온 경우도 사람들을 괴롭히는 유형이다. 2022년 초에 자가진단키트 사용이 허용되면서 코로나 위음성이 많아졌다. 코로나 확진자 수가 이전보다 비할 수 없을 만큼 증가하면서 선별진료소가 감당할 수 없게 되자, 정부는 자가

진단키트를 이용해 1차로 검사한 후 양성일 때만 PCR 또는 신속 항원검사를 받도록 규정을 바꾸었다. 하지만 자가진단키트의 정확성이 떨어져서 피검사자가 잘못된 방식으로 검체 채취 및 검사를 할 수도 있음 결과적으로는 코로나 4차 대유행에 단초를 제공했다는 지적이 있다 자가진단키트의 오류는 위음성, 위양성 양쪽으로 나타났다. 그러나 위음성의 경우 피검사자가 자신의 감염 사실을 모르고 일상생활을 하다가 코로나를 확산시킬 수 있다는 점에서 더 문제가 되었다. 자가진단키트의 정확도는 평균 60% 수준이다.

위양성의 발생 원인은 검체를 다루는 과정에서 검체나 시약 또는 검사장비 내 오염 등으로 추측된다. 검체를 핵산 추출 시약 및 장비를 이용하여 핵산을 분리하며, 분리된 핵산을 코로나 검사 시약에 분주한다. 이후 유전자 증폭 장비를 이용해 코로나 감염 여부를 분석하는데, 매번 장비 사용 후 클리닝을 해도 많은 검사로 인해 장비에서 오염이 일어난다면 높은 민감도로 이전 실험의 바이러스가 검출될 수도 있다.

코로나를 통제하려면 이렇게 불확실하거나 잘못된 검사결과가 나올 확률을 줄여야 한다. 코로나와 같은 신종 바이러스는 앞으로도 얼마든지 출몰할 수 있다. 이번 경험을 교훈으로 삼아 검사 방법을 잘 보완한다면 이후 새로운 바이러스가 유행하더라도 잘 활용할 수 있을 것이다.

생명에 대한 사명감

다양한 어려움에 시달리면서도 직원들은 검체를 손에서 놓을 수 없었다. 이들이 이구동성으로 하는 말이 있다.

"하고 싶어서 했다고 말할 순 없어요. 저 또한 사람이니 두렵고 하기 싫을 때가 있죠. 그렇지만 내가 선택한 일이잖아요. 누군가는 해야 할 일이고."

직원들은 사명감이 아니었다면 엄혹한 시절을 버티기 힘들었을 거라고 말한다. 사명감이 대체 무엇이길래 고통스러운 일을 이겨 내게 하는 힘이 된다는 걸까.

사명감使命感은 '주어진 임무를 잘 수행하려는 마음가짐'을 말한다. 임무를 잘 수행하려면 그 일을 왜 해야 하는지를 알아야 한다. 사명감을 가진 이들은 자신이 그 일을 해야 하는 이유, 즉 자기 일이 가진 가치를 잘 이해하고 있다. 가치 있는 일이라면 하기 싫은 마음이 있어도, 설혹 내 안녕을 해칠 위험이 있더라도 불사한다.

기업 경영에서 직원들의 근무 의욕을 높이려면 연봉을 많이 주고, 복지혜택을 두둑하게 만들어야 한다고 알려져 있지만, 그것만으로는 부족하다. 인간이라는 존재는 그 이상의 가치를 추구하도록 만들어졌기 때문이다. 이를 증명한 사람이 미국의 철학자이자 심리학자인 에이브러햄 해럴드 매슬로Abraham Harold Maslow이다.

매슬로는 5단계 욕구 이론생리적 욕구 → 안전 욕구 → 소속 및 애정의 욕구 → 자존

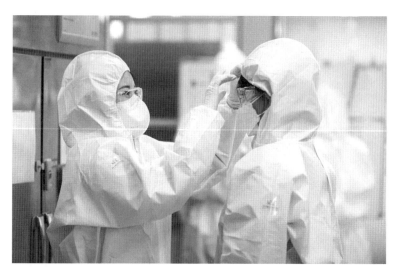

전 세계적으로 위중증 환자와 사망자 보도가 많아서 분자진단팀 직원들은 감염에 대한 두려움을 겪었지만, 보호장구에 몸을 맡기고 검체분석에 날을 새웠다. 누군가는 사신(死神)과 싸워야 하고, 그래야 사람들을 구할 수 있으니까.

감의 욕구 → 자아실현의 욕구을 통해 인간이 추구하는 최상위 욕구를 '자아실현'으로 정의하였다. 고난이 있어도 사명감으로 극복하고 일을 완수해 냈을 때 자아실현 욕구가 충족된다. 자아실현 욕구가 충족되면 더 큰 꿈을 꾸고 그 꿈을 실현시키기 위해 다시 노력한다. 계속적인 성장이 이뤄질 수 있다.

반대로 자아실현이 되지 않으면 일이 재밌지 않고 하고 싶은 마음이 들지 않는다. 당장은 자리를 지키고 있어도 언젠간 떠날 것이다. 그래서 훌륭한 기업은 직원들의 사명감을 고취시킬 수 있도록 업무에 대한 비전과 방향성을 제시할 수 있어야 한다.

사명감은 직원들을 회사에 발붙이게 해줄 뿐 아니라 그들의 역량을 최고 수준으로 끌어낸다. 힘든 일을 버티고 업무에 대한 참신한 아이디어를 고안해 내며 동료들끼리 단합하게 해준다. 자신이 속한 공동체에 애정을 갖고 공헌할 방법을 찾아내게 한다.

그래서 버텨 낼 수 있었다. 코로나 위기 극복은 이런 이들의 노력으로 가능했다. 요즘은 많이 괜찮아졌다. 코로나 팬데믹은 진정 국면을 맞이하였고 코로나에 대한 국민들의 이해도 또한 높아졌다. SCL은 그만큼의 노하우가 쌓였다.

아무리 힘들고 고통스러운 순간이라도 사명감이 있다면 견딜 수 있다. 힘든 시기 SCL 직원들을 버티게 해준 것 역시 생명에 대한 사명감이었다. 만약 기업이 직원들에게 사명감을 성공적으로 부여할 수 있다면 직원들은 일을 완수하기 위해 스스로 모든 수단을 강구할 것이다. 이런 노력을 통해 직원은 자아실현 욕구를 채우고 기업은 성장·발전할 수 있다.

절구통을 이고 가는 개미들

거익태산(去益泰山)

한 장이라도 더 구해 보자.

구매부 직원들은 다시 전화를 돌렸다. 2020년 1월 하순, 중국발 코로나19 바이러스가 국내에 상륙한 후 걷잡을 수 없이 번지면서 전국에서 마스크 대란이 일어났다. 감염 확산을 막기 위해 마스크가 필수였는데 코로나 확산 속도가 생각보다 빨라서 당시 생산 규모로는 폭발하는 수요를 감당할 수 없는 지경에 이르렀다. 세계 마스크 생산의 약 50%를 담당하던 중국은 국내 감염자 폭발로 마스크 수요도 함께 폭발하자 수출을 중단했다. 미국과 유럽 등 주요 국가들 사정도 다르지 않았다. 너 나 할 것 없이 자국 내 수요량을 충당하느라 수출을 중단하면서 전 세계적으로 마스크 품귀현상이 빚어졌다.

시민들은 마스크를 구하고자 약국에 줄지어 몇 시간씩 하염없이 기다렸다. 마스크 가격은 평소보다 두세 배 이상 치솟아 개당 4,000원을 넘어섰다. 웃돈을 준다고 해도 구하기가 어려웠다. 가뜩이나 병의 실체를 알 수 없는 상황에서 가장 중요한 방어막인 마스크를 구할 수 없게 되자 사람들은 그야말로 패닉에 빠졌다.

검사에 필요한 약품, 장비 등의 구매를 담당하는 직원들은 매 순간 애가 탔다. 몰려드는 검체량을 감당하고자 검사부서가 24시간 풀가동 중이었는데, 이 체제를 유지하려면 마스크가 꼭 필요했다. 코로나 팬데믹 초기엔 지금처럼 KF94 마스크가 없었다. 기존에 사용하던 덴탈 마스크와 N95 마스크결핵검사 시 사용되는 마스크를 감염 위험도가 가장 높은 곳에서 일하고 있는 검사부서와 영업부서에 우선적으로 공급하였고, KF94 마스크를 구해 현장에 공급하는 것이 시급한 과제였다.

"진짜 전쟁터가 따로 없었어요. 2009년 신종플루, 2015년 메르스 때도 장비나 소모품 수급이 어려웠지만 이 정도는 아니었어요."

검사에 필요한 소모품 하나라도 부족하면 검사가 올 스톱된다. 검사에 필요한 장비와 소모품의 종류는 약 100여 가지 정도 된다. 이 중 하나라도 문제가 생기면 모든 게 멈춰 선다. 구매부 직원들의 심정은 절박했다. 직원 수를 고려하고 향후 3개월까지 필요한 수량을 미리 확보해야 검사 진행에 차질이 없을 터였다. 마스크 제조사마다 연락을 돌린 것은 물론 제품을 만드는 공장까지 수소문해서 물량 확보에 매달렸다.

레벨 D급의 방호복을 구입하는 것도 어려웠다. 코로나19 바이러스가 2019년 11월 중국 후베이성 우한시에서 처음으로 발생했다고 보고됐을 때 SCL은 선제적으로 방호복을 구입해 두었다. 그러나 사태가 급격하게 악화되면서 준비해 두었던 수량으로는 역부족이었다. 처음엔 미리 구매했던 수량으로 버텼고, 인터넷을 뒤져서 한두 장이라도 발견하는 족족 구입해 나갔다. 방호복 세트도 단가가 세 배 이상 뛴 데다 이를 착용해야 하는 검사 인력이 늘어나 자금 부담이 컸다. 검사부의 필요를 충족하면서 적정가로 구매할 수 있도록 거래처에 단가를 협상하는 것도 주어진 숙제였다.

시약과 장비를 확보하는 것도 문제였다. 2020년 2월, 식품의약품안전처는 4건의 진단시약에 대한 긴급사용을 승인했다. 이후에도 새로운 시약이 계속하여 나왔다. 식약처로부터 사용 승인을 받았더라도 검사에 사용해도 정말 문제가 없을지 내부적인 평가가 필요하다. 시약을 확보하고 이를 평가하는 등의 과정이 만만치 않았다.

장비의 경우 스위스의 다국적 의료·제약 기업에서 만든 장비를 사용했는데, 당시 장비 확보도 쉽지 않은 상황이라 이 장비를 대체할 만한 새로운 장비를 찾는 게 급선무였다. 여러 검체를 동시에 진행할 수 있는 장비들이 나와서 이를 확보하는 데 주력했다. 코로나 팬데믹이 터진 후 국내외 제약사와 의료기기 생산회사들이 빠르게 관련 제품을 생산하기 시작했다. 직원들은 신규 시약/장비 개발 현황을 미리 파악하는 한편, 현재 사용 중인 시약/장비의 대체재를 미리 찾아 검사가 중단되는 일이 없도록 만전을 기했다. 국내는 물론이고 미국, 중국, 인도 등 해외 국가들의 수급 상황과 현황을 파악해서 대비하였다.

검사 인력에 맞춰 소모품 수량을 3개월 치로 확보했어도 그 다음 날 검체량이 급증하면서 검사 인력이 증가하면 또다시 증가 인력에 맞춰 물량을 확보해야 했다. 이런 변수에 대응하는 게 가장 힘들었다.

"SCL 모든 부서들이 그랬지만, 구매부 역시 주말도 없이 일했죠. 검사실 내부에 커뮤니케이션을 위한 현황 보드판이 있는데, 여기에 필요한 소모품을 적어 놓으면 지원부서 직원들이 직접 방문해서 확인한 다음 미리 준비했어요. 검사부에서 정식으로 물품 확보를 요청하기 전에 조금이라도 빨리 파악해서 편하게 일할 수 있도록 배려하고 싶었던 거죠."

3개월 치 수량을 확보했는데 일주일 만에 모두 소진될 때도 많다. 직원들은 소모품 수량이 부족해서 검사에 차질이 생기지 않도록 모든 수단과 방법을 동원했다. 담당자들은 매일 업체와 싸우고 사정하길 반복했다.

2020년 3월 5일, 정부는 '마스크 5부제'라는 이름의 수급 안정화 대책을 발표했다. 그간 마스크 생산량을 늘리는 데 힘을 쏟던 정부는 시민들이 보다 쉽게 마스크를 구입할 수 있도록 출생연도의 끝자리에 따라 구매하는 요일을 지정한 것이다. 아울러 열 배까지 치솟던 마스크 가격을 1,500원 수준으로 통일하고 1인당 공적 마스크 구매 물량을 2매로 제한했다. 또 공적 마스크 외에 개인이 구매할 수 있는 마스크 수량을 1인당 5매로 제한했다. 3개월 가까이 마스크 5부제를 시행하면서 마스크 대란은 차츰 잦아들었다.

구매부 직원들에게 그 시절을 한마디로 정의해 달라고 하니 거익태산去益泰山이란 답변이 돌아왔다. '갈수록 태산'이란 의미이다. 마스크, 시약, 장비, 소모품 등등 하나를 해결하기가 무섭게 다른 하나가 닥쳐왔다. 하루 일과를 끝내고 용케 잠자리에 누워도 내일 어떤 문제를 해결해야 할지 알 수 없어 두려웠다. 모두에게 혹독했던 시절, 더 엄혹한 추위를 견뎠던 이들이 있었던 것이다.

서로에게 버팀목이 되어

코로나19 확진자가 급증하면서 검사결과가 언제 나오는지, 조금 더 빨리 나올 수는 없는지 문의 전화가 빗발쳤다. 전화는 새벽까지 이어졌지만 전 세계적 위기상황이기 때문에 검사기관으로서 적극적으로 수용하는 방법밖에는 없었다.

코로나19 팬데믹은 SCL 전 부서를 24시간 비상근무체제에 돌입하게 만들었다. 검사부서는 물론이고 행정부, 영업부서도 비상이었다. 영업부서는 병원과 보건소의 요청에 따라 새벽 또는 밤늦게까지 코로나 검체를 수거하여 검사부서에 전달하는 일이 비일비재하였다. 알람을 맞추고 쪽잠을 자며 새벽까지 대기하고 있다가 검사결과가 나오면 보건소 등에 검사결과를 통보했다.

당시 전국의 보건소들 역시 24시간 상황실을 운영했기에 SCL은 하루에 세 번데이, 이브닝, 나이트 이상 검체를 수거했고, 실시간 응급검사 요청 시 밤낮없이 검체 수거 및 접수를 진행했다. 1차는 오전에 수거 및 접수해 오후에 검사 실시 및 통보, 2차는 오후에 접수 및 검사해서 다음 날 새벽 이른 시간에 통보, 3차는 저녁에 접수해 야간에 검사를 시행해 다음 날 새벽 6시경 통보. 이런 식으로 실시간 검사와 결과 전달이 이뤄졌다.

"영업부서는 긴급 운송으로 종종 야간근무가 있었어요. 하지만 팬데믹 때의 야간근무 강도는 이전과 비교할 수가 없어요."

코로나19 검체를 직배송하는 업무를 수행했던 의료진단사업부와 전국 고객지원센터 직원들도 야근이 일상이었다. 추가 인력을 확충하더라도 확진자가 워낙 빠르게 늘어났기 때문에 기존보다 훨씬 많은 시간을 일해야 했다. 지방 거점지역에서 검체를 수거해서 직접 본원까지 배송하는 일도 많았고, 새벽 시간에 본사까지 와서 밤을 새우고 다시 지역 사무실로 이동하는 경우도 다반사였다. 주말, 명절은 이들에게 사치였다.

"처음엔 병의 실체를 몰라서 다들 무서워했잖아요. 죽을지도 모른다는 시민들의 공포감을 꺼 주려면 검사의 모든 절차가 빨리 진행되어야 하니까 게으름 부릴 생각을 할 수 없었죠."

코로나 검체를 직접 다루는 직원들은 엄청난 업무량 외에 미지의 감염병에 대한 공포도 큰 괴로움이었다. 다른 검체를 다룰 때보다 코로나 검체를 다룰 때는 한층 긴장하게 되었다. 그래서 코로나 검체를 안전하게 밀봉해 박스에 담은 다음 별도의 스티커를 부착해서 내부직원들이 확인할 수 있도록 표시해 두었다. 코로나 검체니까 더더욱 조심해서 다루라는 의미의 표식이었다. 최전선에서 코로나와 싸우는 전문가들이지만 인간적인 두려움은 어쩔 수 없었다.

검사부에서는 하루에 최대 수만여 건에 육박하는 검체량을 감당해야 했기 때문에 행정부서 직원들이 기꺼이 지원사격에 나섰다. 검사부는 일정표를 만들어 인력을 관리했고 아르바이트도 모집했다. 그러나 당시 임상병리사들의 수요가 많아서 사람을 구하기가 쉽지 않았기에 내부직원들의 손을 빌리게 된 것이다. 행정부서 직원들은 조를 짜서 로테이션으로 투입되었다.

직원들은 오후 5시 30분에 자기 업무를 마치면 저녁을 간단히 한다음 검사부서로 향했다. 전문적 영역인 검사를 도울 순 없어도 검체표기와 기록지 대조 등 단순업무는 지원할 수 있었다. 그래서 오후 늦게 접수된 검체들을 분류하고 정확하게 접수가 되었는지 확인하는 작업에 투입됐다. 작업을 마치고 퇴근하는 시간은 12시를 넘길 때도 있었다.

"별 보기 운동이 따로 없었어요. 일주일이 어떻게 지나가는지, 요일에 대한 감각이 없었죠."

행정부서 직원들은 당시 상황이 정말 힘들었다고 회상하면서도, 가장 고생했던 건 검사부서였다고 입을 모았다. 자신들이 아무리 야근을 많이 했어도 검사부서가 훨씬 더 강도 높게 일했다는 것이다. 스스로 고생한 점을 앞세우기보다 동료의 노고를 알아주고 치하해 줄 줄 아는 모습이 퍽 좋아 보였다.

"개미가 절구통을 물어 간다"라는 속담이 있다. 몸집이 작디작은 개미가 어떻게 무거운 절구통을 움직일 수 있을까 싶을 것이다. 그러나 아무리 작은 개미라 해도 수천, 수만 마리가 모여서 힘을 합친다면 절구통을 움직일 수 있지 않을까. 우리는 이미 어릴 때 자기 몸집보다 훨씬 더 큰 곤충을 이고 가는 개미들의 무리를 본 적이 있으니까 말이다.

코로나19 팬데믹 당시, 주말이나 명절도 없이 365일 근무가 이어지며 너무나 고달팠지만 SCL 직원들은 서로에게 버팀목이 되어 주면서 버텨 냈다. 동료의 어려움을 외면하지 않고 기꺼이 힘을 보태 주는 마음들이 있었기에 거대한 쓰나미와 같던 코로나19를 이겨 내지 않았을까 하는 생각이 든다.

감염병에 대한 준비된 대처 능력

2023년 2월 23일, OECD는 보건정책 연구보고서 《다음 위기에 대응할 준비가 됐는가? 보건 시스템 복원력에 투자하기》를 발간했다. 이 보고서는 인구 100만 명당 코로나19 누적 사망자 수를 기준으로 회원국 등급을 A~D까지 4개 군으로 분류했는데, 여기서 우리나라는 코로나로 인한 사망률이 가장 낮은 A군으로 분류되었다. 보고서는 우리의 코로나 대응이 "검사Testing, 추적Tracing, 격리치료Treatment with Isolation의 '3T 전략'으로 알려졌다"면서 "강력한 봉쇄정책의 모범 사례로 인식됐다"고 평가했다. 민관이 협력하여 2주 만에 전국 단위 검사 체계를 만들고 확진자들을 빠르게 격리한 점을 높게 샀다. 우리나라와 함께 A군에 속한 나라는 호주, 덴마크, 핀란드, 아이슬란드, 일본, 뉴질랜드, 노르웨이 등이다참고 : OECD "한국·일본, 코로나 대응 가장 성공적"…이유는?/한국경제/2023.2.24.

OECD 보고서에 나온 것처럼 우리나라는 전 세계 어느 나라보다 빠르게 코로나 방어막을 구축했다. 검사·확진자 격리·치료 체계를 갖추고 방역물품을 확보하고 공급하는 데 있어 모범적이었다는 것은 누구도 부정할 수 없는 사실이다. 생각보다 빠른 확산으로 어려움을 겪기도 했지만 선전할 수 있었던 이유는 팬데믹이 터지기 전에 대비태세를 갖췄기 때문이다. 정부와 의료계는 신종플루와 메르스를 경험하면서 앞으로 또다시 닥칠지 모르는 대규모 감염병에 대한 대비책을 만들어야겠다는 생각을 하게 되었다. 앞서 설명한 것처럼 우리나라에는 다른 국가들에서 유례를 찾아볼 수 없는 국민건강보험제도가 있다. 이를 기반으로 하여 질환에 대해 검사·진료·치료하는 체계가 발달했던 것이 대규모 감염병에의 대응을 가능하게 했다.

우리나라의 유전자 검사 기술과 시스템은 세계적 수준이다. 환자를 직접 만나 진료하는 임상 의사들이 치료계획을 세우려면 검체 채취 및 검사가 선행되어야 한다. 의사가 혈액, 소변, 조직을 채취해 검사기관에 보내면 검사기관이 이를 받아서 검사·분석하여 그 결과를 의사에게 전한다. 의사는 검사결과를 환자에게 알리고 치료계획을 세운다. 진단의학 분야의 전문화가 코로나 방어막을 세우는 데 결정적인 역할을 했다.

국내에서 코로나 검사인 RT-PCR 검사를 실시할 수 있는 의료기관은 100여 곳이다. SCL을 포함한 '빅5 검사전문기관'을 비롯해 서울대병원, 연세대 세브란스병원 등이 여기에 포함된다. 대한진단검사의학회는 주기적으로 분자진단검사실 인증을 통해 유전자 검사진단 기관을 관리해 왔는데, 전국의 2,000여 검사기관 중 유전자 진단 인증을 받은 곳은 100여 곳 정도이다. 2020년 3월 7일에 처음으로 RT-PCR 검사를 시작할 때 47곳이 1차로 검사기관에 선정됐다. 질병관리본부 현 질병관리청는 코로나 검체 샘플 7개양성 4개, 음성 3개를 보내 맞힌 곳 등을 뽑았다. 스포츠에서 저변이 넓어야 훌륭한 선수가 나오듯 높은 수준의 진단의학 인프라가 코로나 사태 때 진가를 발휘했다. 팬데믹 기간 중 몇 차례 대유행을 거치면서도 '검사檢査 대란'이 일어나지 않았던 것은 이런 기관들이 충분한 역량을 갖추고 있었기 때문이다.

당시 질병관리본부^{현 질병관리청}가 민간 의료기관들과 긴밀하게 협력하여 대응책을 만들었던 것도 매우 주효했다. 진단검사의학회는 첫 확진자가 나온 2020년 1월 코로나 태스크포스_{TF}를 구성했다. 그로부터 이틀 후 질병관리본부^{현 질병관리청}와 진단검사의학회가 한 자리에 모여 진단시약 제조 방법을 찾아 나섰다. 당시 알려진 시약 제조법은 세계보건기구_{WHO} 권고안 등 6~7가지가 있었지만 각각의 장단점이 있었다. 질본과 민간 의료 전문가들은 코로나19에 적합한 검사 프로토콜을 만들었다. 질본은 1월 29일 한국형 시약 검사법인 'RT-PCR 프로토콜'을 업체에 공개했다.

각 나라마다 RT-PCR 프로토콜이 조금씩 다르다. RdRp 유전자, E유전자, N유전자 등의 유전자가 있는데, 미국을 비롯한 상당수의 국가들은 N유전자를 기준으로 했다. 우리는 여러 나라 프로토콜을 리뷰한 다음 특정 유전자 표적이 아닌 복수의 유전자를 기준으로 삼고 그에 맞는 프로토콜을 만든 것이다. 질본은 2개 이상 유전자 부위를 검사하되 성능평가를 통과하는 조건으로 진단시약에 대한 긴급사용승인을 했다. 코로나 확진자가 급증하고 코로나 경보가 '주의'에서 '경계'로 격상되었을 무렵이었다. 질본은 이후에도 진단시약과 검사법의 질을 관리하면서 추가적인 진단시약 개발을 독려하고 의료계와 함께 코로나 항체 형성과 지속시간 등을 연구해 나갔다.

민간 바이오업체나 검사기관의 역량이 있어도 '행정과 규제'의 병목에 걸려 타이밍을 놓치면 무용지물이다. 다행히 2016년에 겪은 '메르스 트라우마'가 코로나 사태에 신속하게 대응하는 데 밑거름이 됐다. 메르스 사태 이듬해에 신종 감염병 발생 시 새 진단시약과 검사법에 대해 긴급사용을 승인하는 제도가 도입됐는데, 코로나 팬데믹 때 제대로 발동된 것이다.

코로나 검사가 시행된 초기에는 검사시간이 오래 걸리고 하루 처리할 수 있는 분량도 발생률 대비 많지 않았다. 그러나 이제 국내 진단시약 물량은 하루에 20만 건 이상의 검사가 가능하게 되었고, 급증하는 검사량을 충분히 소화할 수 있을 만큼 역량이 커졌다.

위기 극복에 성공하는 공동체는 박수를 받아 마땅하다. 위기 극복은 어느 날 갑자기 할 수 있는 게 아니다. 평소에 기초체질을 튼튼히 하고 미래에 닥쳐 올 위기를 예상해 대비책을 차근차근 준비해 두어야 가능하다. 아무 대비도 하지 않고 있다면 쓰나미를 만났을 때 속절없이 무너져 내리고 말 것이다.

우리나라의 검체검사기관들, 바이오기업들은 대규모 감염병에 대해 평소 관심을 쏟고 투자를 해왔기에 코로나 팬데믹 때 훌륭하게 대응하였고 회사를 더욱 성장시킬 수 있었다. 많은 기업들이 코로나 때문에 위기를 맞았던 것과는 대조적이다.

정부든, 기업이든 공동체를 이끄는 리더들은 평소에 자기 조직의 위기관리 능력을 점검해야 한다. 특히 기업은 사회의 급변에 따라 다양한 변화 요구에 직면하게 되며, 이에 둔감하면 느닷없는 파도에 뒤집힐 수 있다. 자기 조직이 만날 수 있는 돌발 변수 등 생존을 위협하는 모든 경우의 수를 사전에 식별하여 대응책을 만들어야 한다. 현장 직원들의 목소리 경청, 시장 트렌드와 대중의 기호 관찰, 이에 맞는 신상품 개발 및 기존 상품 업그레이드, 적극적 인재 관리, 원활한 내부 소통, 적절한 권한 위임과 책임 부여 등이 조직 기반을 튼튼히 하면서 위기에 대응하는 능력이 된다. 위기는 그것이 닥쳤을 때가 아니라 평상시에 대비할 때 극복할 수 있고, 성장도 이뤄 낼 수 있다.

미국 18대 부통령을 지낸 헨리 윌슨Henry Wilson은 "다이아몬드를 찾는 사람은 진흙과 수렁에서 분투해야 한다. 이미 다듬어진 돌 속에서는 찾을 수 없기 때문이다. 다이아몬드는 만들어지는 것이다."라는 말을 남긴 바 있다. 모두가 진흙탕에 빠져 원망만 늘어놓을 때 누군가는 그 속에서 다이아몬드를 건져 올린다. 당신은 진흙을 뒤집어쓴 사람이고 싶은가, 끝내 다이아몬드를 찾은 사람이 되고 싶은가. 선택은 오로지 당신의 몫이다.

핀란드에서 날아온 전화 한 통

오랜 노력에 대한 신뢰

전화기를 받아 든 검사부 임원이 고개를 갸웃했다. 핀란드라니, 뜬금포가 따로 없었다. 안 그래도 바빠 죽겠는데 장난 전화까지 오다니.

장난 전화. 처음엔 정말 그런 줄 알았다. 2020년 3월 20일 저녁, 한국 최초로 해외에서 코로나19 검체검사를 의뢰받은 사건은 모두의 무관심(?) 속에 시작되었다.

핀란드 메이라이넨 병원 관계자와 대화를 이어 가면서 그의 표정은 점점 바뀌어 갔다. 당시 핀란드는 코로나 환자가 급증하고 있었다. 인구 550만 명인데 하루 2,400명가량의 확진자가 발생했다. 우리나라 인구로 환산하면 2만 4,000명에 달하는 규모다. 사망자는 40명 정도로, 우리나라 인구 기준으로는 400명에 달했다. 핀란드는 IT 강국이었으나 코로나 사태를 예견하지 못했기에 진단장비와 시약 부족 사태를 겪고 있었다. 그때 핀란드가 하루에 검사를 실시할 수 있는 양은 1,500~2,000건에 불과했다. 병원 관계자는 간략히 핀란드 현지 상황을 전하며 도움을 요청했다.

핀란드가 많고 많은 나라들 중 왜 우리나라에 연락했을까? 앞서 언급한 것처럼 핀란드는 급증하는 환자량을 감당할 수 있는 검사 역량을 갖추지 못했다. 일단 기본 시스템이 부족했다. 진단장비를 구입하기 위해 바이오회사들에 주문을 넣었지만 당시 하늘길이 마비되어 공급받을 수 없었다. 장비, 시약 등 어느 것 하나도 구하기가 어려운 실정이므로 해외에 검사를 의뢰하기로 방향을 선회했다. 코로나 검사를 많이 실시하고 있던 중국, 한국, 일본 등 몇몇 국가들이 물망에 올랐다. 이 중에서 중국은 검사의 정확도가 떨어진다는 평가가 널리 알려진 상태였고, 일본은 코로나 검사를 실시할 수 있는 대형 검사기관 지정을 상당히 제약하고 있어서 자국 내 검사 물량도 감당하기 버거워했다. 핀란드는 한국과 에스토니아 두 국가의 랩을 한 곳씩 선택해 검체검사를 의뢰했다. 한국의 SCL과 에스토니아의 신랩이었다.

한국에 여러 검체검사기관들이 있는데 그중에서 SCL을 선택한 이유는 무엇일까? 그것은 SCL이 검사의 질 향상을 위해 오랫동안 꾸준히 투자해 왔기 때문일 것이다. 이를 증명할 수 있는 것이 'CAP 인증'과 '우수검사실 신임인증제도'이다. CAP 인증은 미국에서 설립된 세계 최대 규모의 임상병리검사 품질인증기관에서, 우수검사실 신임인증제도는 대한진단검사의학회에서 주관한다. SCL은 세계적 권위를 가진 CAP 인증과 까다롭기로 정평이 난 진단검사의학회의 우수검사실 신임인증을 20여 년간 계속 획득했다. 여기에 ISO 15189 인증으로 의학실험기관 품질경영의 국제규격을 완벽하게 충족하였다. 이처럼 검사실의 질 관리에 각고의 노력을 기울인다는 사실이 대내외적으로 확실하게 입증된 만큼 핀란드의 선택을 받게 된 것이다.

핀란드로부터 전화가 걸려 온 지 10일 후 100개의 검체가 화물기를 통해 수송되었다. 핀란드의 요구 조건은 검체를 수령한 지 24시간 안에 결과를 보고할 것, 검체 일부를 되돌려 줄 것 두 가지였다. SCL은 즉시 검체검사에 들어갔다. 검사는 약 4~5시간 정도 소요되었다. SCL은 검체검사에 착수한 지 7시간 만에 결과 리포트를 이메일로 전송할 수 있었다. 검체는 감염성이 없는 상태로 보내 주었다.

그땐 미처 몰랐지만 이 최초의 검사는 핀란드에서 진행한 '테스트'였다. 메이라이넨 병원은 검체를 안심하고 맡길 수 있는 실력 있는 검체검사기관을 찾고 싶어 했다. 그래서 SCL에서 보낸 검사결과와 에스토니아의 검사결과를 받아 들고 양쪽을 비교했다. SCL 검사의 양성률이 더 높았다. 메이라이넨 병원은 해당 검체 환자들의 증상과 두 개의 검사결과를 매칭해 보았다. SCL의 검사결과 정확도가 더 높았다. 최종 파트너는 SCL로 결정되었다.

메이라이넨 병원은 정식으로 코로나19 검체검사 계약을 요청했다. SCL은 이 검사가 계약 전 테스트 성격이었다는 것, 에스토니아의 랩과 경쟁을 했었다는 것 모두 그때서야 알게 되었다.

우리 정부에 코로나19 검체검사와 관련된 핀란드 메이라이넨 병원의 의뢰가 있다는 사실을 보고했다. 정부는 우리 검체검사기관들에 대한 해외 국가들의 검사 의뢰가 많아질 때를 대비하여, 만약 검사 의뢰를 받았을 경우 정부에 이 사실을 신고하고 승인을 받아야 한다는 내용을 담은 공문을 검사기관들에 보낸 바 있었다. 해외에서 의뢰가 많아지면 우리 내부의 검사 수요를 감당하지 못할까 봐 염려한 조치였다.

정부는 해외 국가에서 우리나라 검사 역량을 호평하고 있다는 사실에 주목하면서 인도주의적 차원에서 계약을 진행하도록 허락했다. 당시 SCL은 하루 6,000건의 검사를 소화할 수 있었으며, 확진자 폭증에 대비해 하루 1만 건까지 감당할 수 있도록 준비를 해놓은 상태였다. 검사 역량을 늘렸기에 국내 검체검사에 차질을 빚지 않고 핀란드의 의뢰를 받아들일 수 있었다.

핀란드의 의뢰는 3월부터 시작돼 약 8개월간 이어졌다. 일주일 전에 검체를 보낸다는 연락을 한 후 전용기를 띄웠다. 전용기 비용, 검사 비용이 만만찮지만 핀란드는 비용보다 검사의 신뢰성을 중요하게 보고 해외 검사기관을 선택했다고 볼 수 있다.

핀란드는 SCL에 검체검사를 의뢰하는 한편 자체 검사 능력을 계속 키워 나갔다. 메이라이넨 병원은 SCL에 검사를 의뢰할 당시엔 하루 150건 정도 검사할 수 있었으나, 이후 400건까지 역량을 늘렸다고 SCL 관계자들에게 밝힌 바 있다. 이런 점을 보면 우리나라 검체검사 기관들이 얼마나 선제적인 대처를 잘했는지 그리고 얼마나 막강한 역량을 보유하고 있는지를 알 수 있다.

과정은 신속하게, 결과는 정확하게

핀란드에서 의뢰된 검체는 어떤 경로를 거쳐 SCL 검사실로 이동될까? 코로나 검체는 단단하게 포장된 상태로 항공기에 옮겨진다. 코로나 검체의 안전성을 위해 72시간 동안 냉장상태를 유지할 수 있도록 포장콜드체인된다. 또한 감염의 위험성 때문에 바이러스 전용 운송 박스에 3중으로 포장된다. 핀란드에서는 5중으로 포장해서 보내 왔다. 한국에 도착한 검체 운반은 IATA DGR항공위험물 자격증을 보유한 바이오물류사업부 직원이 맡는다. 냉장 기능이 있는 특수차량을 이용해 박스를 검사실까지 운반한다.

검체가 도착하면 검사부원들은 사전에 받은 리스트와 검체 용기에 기록된 정보가 동일한지 체크한 다음 검사를 실시한다. 검체에서 핵산을 추출한 다음 이를 증폭해 바이러스의 존재 여부를 확인한다. 바이러스 양이 늘 일정치 않으므로 장비로 바이러스를 검출하기에 충분하도록 핵산을 증폭하는 것인데, RT-PCR 장비로 대개 1회에 90여 명의 검체를 검사할 수 있다.

총 검사시간은 4~6시간으로, 이 중에서 핵산을 추출하는 데 1~2시간, 증폭하는 데 2시간, 결과를 판독하는 데 1시간 이상이 걸린다. 순수하게 검사에 소요되는 시간은 약 3시간, 결과 판독까지 합해도 최대 6시간 정도 잡으면 충분하다. 만약 검체에 따라 증폭이 충분치 않거나 검체가 잘못 채취되었다면 재검해야 하는데, 이럴 땐 두 배의 시간이 걸릴 수도 있다.

검사는 신속하게 진행되고, 결과는 정확하다. 여기에 검사결과를 파일로 만들어 이메일로 전달하는 빠른 보고까지 더해져 핀란드의 신뢰는 더욱 높아졌다.

SCL은 한국 최초로 해외에서 코로나19 검체검사를 의뢰받게 됨으로써 K-방역, K-LAB에 대한 전 세계적인 신뢰를 보여 주는 산증인이 되었다. 이 일이 알려지면서 SCL은 정부를 포함해 여러 기업들과 언론사의 연락을 받았다. 검사에 대해 문의하는 국가들도 늘어났다. 언론을 통해 '한국 최초 해외 코로나 검사 수주', 'K-방역의 위상' 등등의 보도를 접한 일반인들은 처음으로 우리나라 검체검사기관의 위상이 어떤지를 실감하게 되었다.

이는 검체검사라는 특수 영역의 사례이지만, 일반 기업들에게 시

검체가 도착하면 검사부원들은 사전에 받은 리스트와 검체 용기에 기록된 정보가 동일한지 체크
한 다음 검사를 실시한다. 검체에서 핵산을 추출한 다음 이를 증폭해 바이러스의 존재 여부를 확
인한다.

사하는 바가 있다. 고객의 신뢰를 획득하고 싶은 기업은 신속과 정확, 이 두 단어를 기억할 필요가 있다. 고객은 신뢰할 수 없는 기업과 결코 상대하려 하지 않는다. 고객은 자기가 원하는 바에 신속하게 반응하고 정확하게 해결해 주는 기업에 호감을 갖는다. 어찌 보면 이것은 고객-기업 관계에 있어서 기본이다. 기본을 지키는 기업에게 고객은 충성을 맹세한다.

신속하고 정확한 서비스로 고객의 사랑을 받는 회사들이 있다. 아마존은 창업 초기부터 신속한 배송으로 고객들의 만족감을 높였다. 미국의 항공특송업체 페덱스FedEx는 고객이 원하는 시간까지 정확하게 물품을 배송할 수 있는 시스템을 구축하였다. 세계적 호텔 체인 리츠칼튼Ritz-Carlton은 고객에게 '기다리지 않는' 서비스를 제공한다. 리츠칼튼의 직원들은 고객의 요구사항을 들었을 때 담당자를 찾지 않고 즉각 처리를 원칙으로 하며, 고객이 미처 말하지 않는 속내까지 읽으려 노력한다. 이 기업들이 오늘날 세계적인 명성을 누릴 수 있는 이유는 고객의 요청에 신속하게 응대하고 정확하게 처리하는 기본을 지켰기 때문이다.

기업의 성공 공식은 이렇게 분명한데도 불구하고 여전히 많은 기업들이 잘될수록 기본을 놓칠 때가 있다. 고객이 찾아오면 반갑게 응대하고, 주문 내용을 경청하고 빠르게 제공할 수 있도록 노력해야 한다. 여기에 가장 가려운 곳까지 긁어 줄 수 있는 서비스를 더하면 금상첨화다. SCL이 검사를 신속하고 정확하게 하는 데 그치지 않고 검사결과 파일을 이메일로 전달해 고객 편의를 도모한 것처럼 말이다.

처음부터 끝까지 고객의 목소리에 귀를 기울이는데 충성고객이 되지 않을 수 없다. 기업이 신속, 정확하게 고객의 니즈를 충족시키면 충성고객을 확보하여 높은 매출로 보답받게 된다. 이런 원칙을 저버리지 않는 한 고객들의 사랑은 굳건할 것이고, 시장에서 기업의 위치는 흔들리지 않을 것이다.

5장
춤추는 별들의 세상

《짜라투스트라는 이렇게 말했다》에서 니체는
"춤추는 별을 잉태하려면 반드시 스스로의 내면에 혼돈을 지녀야 한다"고 했다.
숱한 고통과 어려움을 이겨 내야 오롯이 빛날 수 있다.
이런 별을 가득 품은 기업은 참으로 행복할 것이다.

경영진과 노조가 두 손을 맞잡을 때

"오늘 급여가 나가지 못합니다"

다소 굳은 듯한 표정.

인사부 부서장은 당시 직원들의 얼굴을 그렇게 기억했다. 그럴 만했다. 급여가 늦어진다는 걸 반길 사람은 아무도 없을 테니까.

"자금 사정이 일시적으로 어려워졌어요. 그래서 급여 지급이 한두 번 늦어졌죠. 지금껏 한 번도 그런 적이 없어서 직원들이 많이 당황했어요."

2015년 SCL은 현재의 사옥으로 이전했다. 서울 종로구 인사동, 동대문구 답십리동, 용산구 동빙고동에 이은 네 번째 사옥이다. 검사실 장비와 인력이 계속 확충되면서 규모가 나날이 커지자 기존 공간으로는 감당할 수 없는 지경에 이르렀다. 경영진은 이참에 사옥을 신축해야 하는지 검토하다가 이후 검사실 규모가 다시 늘어나게 되면 또 이전해야 하므로, 신축보다는 확장성을 감당할 수 있는 공간을 찾기로 했다. 그렇게 하여 낙점된 곳이 용인시에 위치한 홍덕 IT밸리 빌딩이었다.

검사장비, 약품, 소모품 등등 검체검사기관이 보유하는 물품은 일반 회사들에 비할 수 없을 만큼 많다. 이전은 수개월에 걸쳐 진행되었다. 공간이 더 넓어지는 만큼 음압시설과 PCR 검사실 등 시설을 확충하고, 검사 프로세스 재정립을 통해 자동화 검사 처리 능력이 1일 15만 건을 소화할 수 있도록 인력과 첨단 진단장비를 갖추는 게 목표였다. 이전 당시 12개 팀으로 구성된 검사부가 3.5개 층^{약 4,000평}을 검사 및 연구 공간으로 사용하였다. 단일 건물 규모로는 국내 최대 시설이다. 이렇게 시설을 늘리다 보니 준비했던 예산보다 훨씬 더 많은 비용을 쓰게 되었다. 일시적인 자금 경색이 불가피했다.

어떻게 해야 할까? 경영진은 고민 끝에 이 모든 상황을 직원들 모두에게 투명하게 공개하기로 결정했다. 그리고 노동조합에 현재 회사가 어떤 이유로 어려움을 겪고 있는지 설명하고 조금만 기다려 달라고 정중하게 이해를 구했다. 회사의 상황을 알게 된 직원들은 당황하면서도 이해할 수 있다는 반응을 보였다.

기본 생활비에 카드값, 대출금 상환 등 지출이 정해져 있는데 제때 급여가 지급되지 않으면 생활하는 데 타격을 받게 된다. 한편으로는 불안감도 생길 수 있다. 혹시 일시적인 게 아니라 뭔가 큰 문제가 생긴 건 아닐까 하는 마음 말이다. 경영진이 아무리 투명하게 설명한들 자금 사정을 속속들이 알 수 없는 직원들로서는 여러 가지 복잡한 마음이 드는 게 당연했다. 그러나 직원들은 개인적인 불편함을 감수하면서 회사의 사정을 이해해 주었다.

위기는 금세 넘어갔다. 자금 사정은 본래대로 돌아갔고 모두들 평온을 되찾았다. 경영진은 직원들의 출퇴근을 돕기 위해 일곱 대의 셔틀버스를 운행하는 등 복지를 강화했다 회사 이전 후 7년이 넘어선 현재는 직원들의 거주지 변동으로 한 대만 운영하고 있다.

기업에는 언제든 예상치 못한 경영난이 닥칠 수 있다. SCL처럼 일시적이든, 장기적이든 간에 말이다. 이때를 잘 넘기지 못하면 기업은 훌륭한 인재들을 놓칠 수 있다. 기업의 성장 측면에서 안타까운 일이다. 기업은 예상치 못한 위기에 슬기롭게 대처할 수 있는 방안을 준비해야 한다.

"어쩔 수 없이 고통 분담이 필요하다면 경영진이 먼저 솔선수범해야죠. 그리고 회사 사정을 최대한 직원들에게 정확히 알리는 게 필요하다고 생각해요. 그냥 통보가 아니라 정보 공개를 바탕으로 양해를 요청하는 거죠. 그래야 직원들도 어떻게 하는 게 좋을지 올바른 판단을 내릴 수 있지 않을까요."

인사부 부서장은 위기 극복의 요건으로 경영진의 솔선수범, 투명한 정보 공개와 아울러 적절한 보상을 꼽았다. 기업의 경영 상황이 나아진다면 고통 분담에 기꺼이 함께해 준 직원들에게 보상을 제공하는 게 필요하다는 것. 연봉 인상이나 복지 확충 같은 안을 고려해 볼 수 있다고 말했다.

경영난이 닥치면 직원들에게만 고통을 전가하는 기업들이 있다. 직원들에게는 연봉의 일부를 삭감하고 복지혜택을 축소하거나 심지어 정리해고를 단행하는 등 허리띠를 졸라맬 것을 강요하지만, CEO는 연봉을 올려 받거나 성과급을 받는 것이다. 기업이 어떻게 되더라도 일신의 안위만을 위하는 경영진을 따르는 직원들이 있을까.

SCL은 경영상 어려움이 닥쳤을 때 팩트에 기반하여 직원들에게 정중히 양해를 청했고, 경영진만을 위한 성과급 지급이나 연봉 인상 같은 잔치를 벌이지 않았다. 그리고 위기 상황이 종결되었을 때 직원들이 안심하고 일할 수 있도록 근무환경을 제고하고 적절한 보상체계를 마련하는 데 힘썼다. SCL은 이런 위기 대처 방안을 원칙으로 하여 창사 이래 몇 차례 닥쳤던 위기 상황을 슬기롭게 극복했다. 노勞와 사使가 함께 두 손을 맞잡는 한 어떤 위기든 넘어가지 못할 건 없다.

가족 같은 회사가 가능하려면

'노'와 '사'는 본질적으로 입장이 상반될 수밖에 없는 관계이다. 직원들은 급여에 관심이 많고, 경영진은 성과매출에 관심이 많다. 직원은 되도록 많은 급여를 받고 싶어 하고, 경영진은 좀 더 적은 급여로 최대의 효율성을 내고 싶어 한다. 그래서 양쪽이 자신의 입장만을 앞세우면 타협점을 좀처럼 찾기가 쉽지 않은 게 바로 노사관계다.

SCL은 검체검사기관 최초로 노동조합이 조직되어 있다. 법적으로 노사는 분기에 한 번씩 노사협의회를 진행하도록 되어 있다. 이에 따라서 SCL 경영진과 노동조합은 3개월에 한 번 테이블에 둘러앉는다. 임금 협상, 인센티브 지급 관련 협상은 물론이고 굵직굵직한 현안들이 이 자리에서 공유된다.

SCL 노동조합은 직원들의 단합과 책임의식을 높이는 데 매우 중요한 역할을 한다. 과거 몇 차례 있었던 위기에서도, 코로나19 바이러스로 인한 검체 폭주로 업무량이 엄청나게 늘어났을 때도, 직원들은 서로 업무 상황을 공유하면서 지원사격에 나섰다. 행정부서 직원들은 조를 짜서 검사부서에 가서 검체 분류 작업을 도왔고, 영업부는 검체를 제시간에 본사로 가져올 수 있도록 새벽 장거리 운전을 마다하지 않았다. 동료의 어려움, 회사의 위기를 내 일처럼 인식하지 않는다면 불가능한 일이다.

SCL 직원들이 기업문화나 동료들 간 관계를 표현할 때 가장 많이 하는 표현이 있다. 바로 "가족 같다"는 것. 사실 '가족 같은 회사'라는 정의는 기업 경영에서 더 이상 칭찬이 아니다. 가족이라는 단어에 CEO가 자기 마음대로 하는 회사란 의미가 숨어 있기 때문이다. 실무진의 의견은 배제되거나 묵살된 채 늘 경영진이 하고 싶은 대로 진행

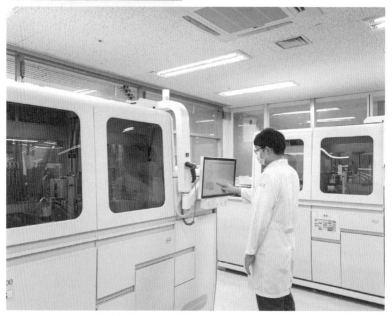

과거 몇 차례 있었던 위기에서도, 코로나19 바이러스로 인한 검체 폭주로 업무량이 엄청나게 늘어났을 때도, 직원들은 서로 업무 상황을 공유하면서 지원사격에 나섰다.

하고, 일의 권한은 주지 않으면서 책임은 부여하고, 전문성이 입증된 관리자가 아닌 경영진 입맛에 맞는 관리자가 배치되고, 합리적이고 유연한 의사소통보다는 힘의 원리에 의한 상명하복 체제가 일상인 회사가 가족 같은 회사로 정의되고 있다.

그런데 SCL 직원들이 말하는 가족 같은 회사는 위의 개념과는 상반된다. 핏줄로 이어진 가족에 비유할 만큼 끈끈한 유대감으로 일하는 관계를 지칭하는 것이다. 서로가 서로를 지지하고 아껴 주는 동료애를 보면 진정한 의미의 가족 같은 회사라 할 만하다. 인사부 부서장은 자신이 사측 입장이라는 걸 전제하면서도 "감히 자부하지만 SCL 노사관계는 좋다고 생각한다"고 말했다. 재미있는 점은 이런 그의 말을 다수의 직원들이 스스럼없이 동의한다는 것. 개인주의가 팽배하고 노사 간 대립이 격화되는 요즘 현실과 한참 동떨어진 얘기다. 이게 어떻게 가능할까?

"경영진이 회사의 이익을 우선시해 비용절감을 앞세운다면 일하기 힘들죠. 매출보다는 직원들이 일에 집중할 수 있는 환경을 만드는 데 훨씬 관심이 많습니다."

SCL 직원들이 말하는 가족 같은 회사의 비결은 경영진의 선제적인 배려이다. 직원들의 요구사항은 노동조합을 통해 수렴돼 사측에 전달되는데, 경영진이 직원들의 요구가 들어오기 전에 먼저 조치를 취하는 것들이 많은 편이다. 직원들은 경영진이 늘 기대 이상으로 배려해 주는 걸 알기에 신뢰하지 않을 수 없다.

아마도 이런 경영진의 태도는 사람의 생명을 살리는 의료기관이자 EBM^{근거중심의학}을 기반으로 한 글로벌 탑 티어 헬스케어그룹으로서의 자부심과도 맞닿아 있을 것이다. 경영진이 어떤 철학을 가지고 있느냐는 기업 운영과 직결되니까 말이다.

SCL 직원들의 증언은 많은 기업들이 참고할 만하다. 노사관계에 있어서 '사'보다 '노'가 불리한 입장이라는 건 모두가 인정하는 사실이다. 직원들은 사측의 눈치를 보면서 불편한 점들, 정말 필요한 사항들을 요구하기 어려워한다. 그에 반해 사측은 직원들에게 원하는 걸 말하는 게 비교적 자유롭다. 양자 간 힘의 추는 본질적으로 한쪽으로 기울어져 있다. 그렇기에 먼저 손을 내밀어야 하는 쪽은 직원이 아닌 경영진이 된다. SCL 경영진은 적극적으로 직원들에게 다가가서 간격을 좁힘으로써 신뢰감을 획득했다. 이 신뢰감은 직원들 간 그리고 노사간 유대관계를 강화하는 데 한몫했다.

여러 글로벌 기업들의 노사관계를 보면 이것이 기업 성과에 영향을 미치는 중요 요인이라는 사실을 확인할 수 있다. 성공적으로 노사관계를 만들어 가는 기업에게는 미래가 기대되지만, 노사관계에 격랑이 몰아치고 있는 기업의 경우 앞으로의 기업 평가가 부정적으로 뒤바뀔 가능성이 짙어진다. 과거의 영광을 이어서 미래에도 선두 기업의 자리를 지키고 싶다면 노사관계에서 원만한 합의점을 찾아내야 한다.

일본의 자동차 제조사 도요타^{Toyota}는 협력적인 노사관계를 유지하는 걸로 유명하다. 도요타는 1950년대 강성노조와 사측이 극렬하게 대립했던 과거를 가지고 있다. 이후 노조 간부들이 교체되고 새롭게 집행부를 맡은 이들이 1956년 도요타 노조강령을 발표하면서 협력적 노사관계를 천명했다. 1962년에는 '고용 안정과 노동조건 개선·유지를 위해 노조는 생산성 향상에 적극 협력한다'는 내용을 골자로 한 노사선언을 발표했다. 도요타 노사는 일련의 과정을 거치면서 상호신뢰, 상호책임의 관계를 원칙으로 지켜 나가고 있다. 도요타 경영진은 50년이 넘도록 단 한 번의 정리해고를 하지 않았으며, 노조는 생산성 제고를 위해 최선을 다했다. 회사가 어려움에 처했을 땐 자진해서 임금인상을 자제할 것을 선언하기도 했다. 반대로 성과가 좋았을 땐 사측이 노조 측에 먼저 임금인상을 제안했다.

2020년 9월, 도요타의 노사는 새로운 임금제도에 합의했다. 코로나19 팬데믹으로 인한 시장의 불안정성, 전기차 시장의 발전 등으로 인해 위기감이 커지자 사측은 직능기준급매년 일률적으로 임금을 인상하는 것을 폐지하고 성과에 따른 직능개인급으로 임금인상 기준을 일원화하는 방식을 노조에 제안했다. 직능개인급을 적용하면 성과가 안 좋게 평가받은 직원들의 임금인상이 불가능해진다는 점을 들어 노조는 거세게 반발했다. 그러나 도요타 아키오Toyoda Akio, 豊田章男 CEO가 직접 나서서 노조와 협의하였고 결국 합의를 이끌어 냈다. 회사의 위기를 돌파하기 위해선 경쟁력 제고가 불가피하다는 걸 노조가 동의했기에 가능한 합의였다참고 : 위기가 기업문화 바꾼다…도요타 실험 통할까?/이코노믹리

뷰/2020.10.8. 앞으로 도요타의 경영이 어떻게 달라질지 지켜봐야겠지만, 이처럼 노사 간 협력은 위기를 돌파하는 희망이 될 수 있다.

사우스웨스트 항공사Southwest Airlines는 여느 항공사들과 확실히 구별되는 노사문화를 가지고 있다. 사우스웨스트의 경영진은 직원을 해고하거나 임금을 삭감하지 않고, 파트타임 근로자를 채용하거나 아웃소싱 계약을 거의 하지 않는다. 노조의 파업도 거의 없다. 노동조합이 여러 개가 존재하지만 단합된 힘으로 사측을 압박하는 행위를 하지 않는 것이다. 노사협상을 하기 전에 협상 대표들은 직원들과 경영진 간의 간극을 좁히기 위한 노력으로 쟁점사항에 대한 설문조사를 직원들에게 실시하고, 이 결과를 협상 때 반영한다참고 : 숨겨진 힘-사람/찰스 오레일리 외 지음/김영사. 사우스웨스트에서 일하는 직원들은 사측과 자신들의 관계를 마치 가족과 비슷하다고 표현하였다.

사실 사우스웨스트 항공사는 창업 첫해 경영상 어려움이 컸다. 고객들 수는 적었고 자금 사정이 넉넉지 않았다. 그러나 직원들은 회사의 성과가 좋아질 수 있도록 힘을 합쳤다. 이들은 과거 다른 항공사에서 해고된 경험 때문에 일자리의 소중함을 뼈저리게 아는 사람들이었다. 자발적으로 기내를 깨끗이 청소하고 수화물을 정리하는 등 고객의 마음을 붙잡기 위해 최선을 다했다. 노사가 똘똘 뭉쳐 노력하는 모습을 본 고객들은 감동해 재이용하게 되었고 회사 매출이 상승하게 되었다참고 : 직원을 사랑한 사우스웨스트, 탄탄한 조직력 비결 됐다/경북매일/2019.10.30. 이제는 미국 내 최대 규모의 저가항공사로 자리매김하였다.

유감스럽게도 창업자 허브 켈러허Herb Kelleher가 회사를 떠난 후 경영진은 파트타임 근로자를 늘리고 인력 감축을 추진하는 등 과거와는 완전히 다른 행보를 보이고 있다. 어쩌면 위에서 설명한 내용들이 과거에 국한되는 순간이 올지도 모른다. 앞으로도 이전과 동일한 기업 평가를 받을지는 미지수이다.

스타벅스는 위의 기업들처럼 상호존중하는 노사관계의 롤모델이었다. 스타벅스 회장 하워드 슐츠Howard Schultz는 "고객보다 직원이 먼저"라면서 "경영진이 직원을 우선시하면 직원은 고객을 우선시할 것"이라고 밝힌 바 있다. 이 말은 스타벅스가 직원을 얼마나 소중하게 생각하는지를 잘 보여 준다.

스타벅스는 대표이사를 비롯해 직원들이 닉네임을 이름처럼 사용하고, 누구나 자유롭게 자기 의견을 밝힐 수 있는 오픈 게시판을 운영하는 등 수평적 조직문화를 만들고자 노력하였다. 또한 고객들이 직원을 칭찬하는 내용이 접수되면 동료들로부터 축하를 받을 수 있도록 해주어 근로의욕을 고취시켰다.

그런 스타벅스에 최근 변화의 바람이 불고 있다. 창사 이래 처음으로 노조가 결성된 것. 노조가 결성된 직접적인 원인은 코로나19 팬데믹으로 인한 직원 감소와 그로 인해 많아진 업무량이다. 현재 사측은 노조에 참여한 직원들에게 복지혜택과 임금인상 기회를 박탈하겠다는 위협을 가해 노동법을 위반했다는 혐의로 전미노동관계위원회 NLRB로부터 제소된 상태이다. 화합의 장을 저버리고 갈등과 대립으로 돌아선 노사가 고객들이 만족할 수 있는 서비스를 제공할 수 있을까? 투자자들은 이런 노사갈등이 기업 성과에 어떤 악영향을 미칠지 촉각을 곤두세우고 있다.

본질적으로 상반된 입장의 노사관계가 마냥 원만할 수만은 없을 것이다. 과거 끈끈한 노사관계를 기반으로 눈부신 성과를 거두면서 글로벌 기업으로 명성을 떨쳤던 기업들 중 몇몇은, 오늘날 극심한 갈등과 대립으로 내홍을 겪고 있다. 사람의 생각은 다를 수 있으므로 갈등은 당연하다. 그러나 서로에게 깊은 상처를 줄 정도로 격화된 갈등은 같은 목표를 향해 나아갈 수 없게 만든다. 노사가 다른 곳을 보고 배를 젓는다면 목표를 향해 나아가기는커녕 방향성을 잃고 표류하고 말 것이다. 노사는 고객들과 투자자들 눈에 자기 기업이 어떻게 보일지 진지하게 생각해 볼 필요가 있다.

인사부 부서장 역시 SCL의 노사관계에 자부심을 드러내면서도 "현재 아무리 관계가 좋아도 항상 순풍에 돛을 단 듯 나아가기는 어렵다. 때로는 풍랑을 만날 때도 있을 것"이라고 말했다. 맞는 말이다. 평상시 잘 지내다가도 위기 앞에서는 얼마든지 흔들릴 수 있다. 그래서 노사 모두 관계의 원칙을 평소에 정해 둘 필요가 있다. 앞서 도요타가 미리 정해 둔 상호신뢰, 상호책임의 원칙을 쭉 지켜 나가면서 위기의 순간에도 적용했던 것처럼 말이다. 대원칙이 있다면 웬만한 위기에 바람 앞의 등불처럼 흔들리는 일은 없을 것이다.

노사관계를 원만히 유지할 수 있게 해주는 원칙 첫 번째는 앞서 언급한 것처럼 서로의 입장 차를 이해하는 것이다. 생각 차가 있을 수 있다는 것을 인정하고 배려하는 마음을 갖는다. '노'는 '사'를, '사'는 '노'를 배려하는 게 필요하다. '사'는 직원의 고용안정과 정당한 대가를 보장하고, '노'는 생산성을 높이는 데 최선을 다해야 한다. 결국 기업이 존재해야 노사관계도 존재할 수 있다. 극심한 갈등으로 기업의 존립이 위태롭게 된다면 노사 모두의 손해이다.

두 번째로는 노사 쌍방의 의견을 협의하는 장을 만들어야 한다. SCL은 법에 따라 분기별로 노동조합과 협의를 진행한다고 하였다. 이렇게 상시적이고 정기적인 대화의 장이 있다면 서로의 입장 차를 좁혀 나갈 수 있다. 여기에 직원들이 자유롭게 자기 생각을 밝힐 수 있는 창구를 만든다면 금상첨화다. 바쁜 업무, 부담스러운 상하관계로 인해 직원들은 평소 자기 의견을 얘기하기가 쉽지 않다. 스타벅스가 직원들의 오픈 게시판을 운영한 것처럼 자유롭게 의견을 개진하는 게시판을 만들고 여기에서 나온 의견을 수용한다면 직원들도 적극적으로 참여하게 될 것이다.

장장 40년간 이어져 온 SCL 역사의 면면을 훑다 보면 위기의 순간 조직을 구해 낸 수많은 손들이 있다는 사실을 확인할 수 있다. 어느 한 사람의 특출난 재능이 아니라 다수 직원들의 피땀 눈물이 갖가지

위기를 극복하고 오늘날의 영광을 만들어 냈다. 이런 걸 보면 훌륭한 노사관계는 기업 성장을 위한 절대조건이라 해도 과언이 아니다. 이솝의 말처럼, 뭉치면 우뚝 설 수 있지만 갈라지면 초라하게 넘어지고 말 것이다.

모두가 일하고 싶어 하는 회사

장기근속자가 많은 이유

어떤 회사에 다니고 싶은가?

이는 일자리를 찾는 예비 근로자들이라면 가장 관심이 있는 질문이 아닐까 싶다. 당연히 좋은 회사이다. 일한 만큼 보수를 보장해 주고, 알찬 복지제도가 제공되며, 미래 비전이 존재하는 회사. 이런 곳이 사람들이 말하는 좋은 회사이다.

그렇다면 회사가 좋은 곳인지, 아닌지를 알아보려면 어떻게 해야 할까? 가장 좋은 방법은 평판을 수배해 보는 것이다. 요즘은 SNS 덕분에 발 없는 말이 천 리가 아니라 지구 한 바퀴를 도는 시대이다. 마음만 먹으면 회사가 직원들을 어떻게 대하는지 알아볼 수 있다. 단, 헛소문도 적잖으므로 해당 회사에 다니고 있는 직원들로부터 직접 들을 수 있다면 가장 좋다. 대외적으로는 이미지를 관리해 좋은 소문을 만들 수 있지만, 기업의 솔직한 민낯을 볼 수 있는 직원들에게는 억지 연출이 불가능하기 때문이다. 그래서 대외적인 평판이 좋은 곳보다 직원들이 칭찬하는 회사, 다니고 싶어 하는 회사가 진짜배기다.

고객만족경영을 논할 때 직원들을 일컬어 내부고객이라고 한다. 기업은 직원들을 단지 노무를 제공하는 고용인雇傭人이 아닌, '일차적으로 만족시켜야 할 고객'으로 봐야 한다는 취지에서 이렇게 부르게 되었다. 내부고객은 기업의 제품/서비스를 생산하지만 가장 먼저 이용하고 이에 대한 평가를 할 수 있는 위치에 있다. 마음에 든다면 주변에 좋은 이야기를 전할 것이고, 반대의 경우라면 안 좋은 이야기를 전할 것이다. 그래서 외부고객들에 앞서 내부고객인 직원들을 만족시키는 것은 기업의 성과를 좌우하는 중요한 문제이다. 직원들이 호평하는 회사를 좋은 회사로 인정할 수 있는 이유도 이 때문이다.

SCL은 10년 이상 일하는 장기근속자가 많은 회사이다. 회사가 창립된 지 40년이 되었다고는 해도 그동안 몇 차례 부침이 있었던 것을 제외하면 대다수의 직원들이 회사와의 인연을 오래 이어 가고 있는 것이다.

회사에 대한 평가 또한 긍정적이다. 앞서 설명한 것처럼 직원들은 SCL이야말로 진정한 의미의 가족적인 회사라고 스스럼없이 말한다. 학교 후배들에게 회사 이야기를 적극적으로 해주어, 채용 면접을 진

고객만족경영을 논할 때 직원들을 일컬어 내부고객이라고 한다. 기업은 직원들을 단지 노무를 제공하는 고용인(雇傭人)이 아닌, '일차적으로 만족시켜야 할 고객'으로 봐야 한다는 취지에서 이렇게 부르게 되었다.

행하다 보면 "학교를 졸업하신 선배님 추천으로 지원하게 되었다"는 지원자들을 적잖게 만나 볼 수 있다. 어렵사리 입사해도 마음에 들지 않는다 싶으면 몇 개월 되지 않아 사직서를 쓰고 나가는 젊은이들을 SCL에서는 찾아보기 어렵다.

이경률 회장은 SCL이 직원들의 지지를 받는 이유를 "섬김과 배려"라고 정리하였다. 내가 받고 싶은 만큼 상대에게 해주라, 이는 SCL이 직원들을 위해 실시하는 모든 처우와 복지정책에 적용된다. 경영진이 섬김과 배려의 마음으로 직원들을 대하고, 직원들은 업무에 최선을 다해 임한다. 높은 성과가 나면 경영진은 그 공을 직원들에게 돌리고, 직원들은 더욱 기분 좋게 업무에 임할 수 있다. 서로가 서로를 성장시키는 선순환 구조이다.

가족검진으로 발견한 어머니의 암

SCL은 직원들을 어떻게 섬길까? 고용안전과 적절한 보수, 성과에 따른 인센티브는 기본이고, 다양한 복지제도를 제공한다. 사내동호회 지원, 자녀 학자금 지원 등 복지혜택이 좋다는 평가를 듣는 기업들이 실시하는 어지간한 제도들은 모두 SCL에 있다고 보면 된다.

사내동호회의 경우 바쁜 업무에 지친 직원들을 재충전해 주는 역할을 톡톡히 하고 있다. 본사와 전국 62개 고객센터까지 포함하면 운영

중인 사내동호회의 숫자는 꽤 많다. 대표적인 동호회를 소개하자면 '아름드리'와 '야구동호회 SCL'이 있다. 검사부와 행정부서 여직원들을 중심으로 구성된 원예 동아리 아름드리는 매월 화초에 대한 정보를 나누고 서로에게 꽃을 선물하는 힐링 모임이다.

"하루 종일 검체를 붙들고 씨름하다가 빛깔 고운 꽃을 보면 위로받는 기분이 들어요. 모임이 있는 날은 기대감을 안고 출근하게 돼요."

사내 SCL 야구동호회는 2011년 영업·검사·행정부서 직원들이 함께 참여하여 창단한 동호회이다. 현재까지 사회인 야구 리그에 가입하여 활동하고 있다. 2013년엔 정규시즌 4위·플레이오프 준우승, 2018년엔 정규시즌 우승·플레이오프 준우승이라는 성과를 거뒀다. 동호회 활동은 서로 다른 부서와 직급의 임직원들이 서로를 이해하고 화합하는 계기가 되어 부서 간의 소통과 직장생활에 큰 도움이 되고 있다.

여성 직원들이 많은 조직의 특성상 SCL은 임신·출산·육아와 관련된 복지제도가 탄탄하다. 임신·출산·육아로 휴직하는 직원들을 위해서는 대체인력을 채용한다. 너무나 당연한 얘기 같지만 많은 기업들에서 직원들은 출산·육아 휴직을 낼 때 눈치를 본다. 이는 대체인력을 뽑지 않는 경영진 탓이 큰데, SCL은 출산·육아 휴직자를 대신할 대체인력 선발에 적극적이다. 휴가자는 편안한 마음으로 쉴 수 있고, 동료 직원들은 업무 과부하에 시달리지 않는다. 복직 비율도 높은 편이다. 임신·출산·육아로 인한 불이익 따윈 없다. 또한 일과 가정 양립

환경을 조성하고 저출산 문제 해소에 기여하기 위해 '직장형 어린이집' 운영을 적극 지원하고 있다.

헬스케어그룹이라는 특징에 가장 부합하는 복지제도는 임직원 가족들에게까지_{당사자 및 가족 6명까지} 연 1회 건강검진과 독감 예방접종을 지원해 준다는 것이다. 같은 그룹에 있는 하나로의료재단을 통해 가족 건강까지 케어해 주는 것이다.

직원 A는 검진 때 가슴을 쓸어내렸던 경험을 들려주었다. 대장내시경에서 용종이 발견되어 조직검사를 의뢰했다는 것. 처음엔 대수롭지 않게 생각했는데 검사 결과 직장암 초기로 판정받았다. 다행히 절제술로 완치가 가능했다. 만약 검진을 받지 않았다면 암이 악화된 후에야 알게 되었을 것이다. 그는 검진 덕분에 살았다면서 회사에 대한 고마움을 표현했다.

직원 B의 경우 가족검진을 지원받아 어머니의 암을 발견할 수 있었다.

"평소에 아프단 소리를 안 하셨어요. 간이 침묵의 장기라고 하잖아요. 전혀 몰랐죠."

전이되기 직전 발견한 간암으로, 어머니는 수술과 항암치료를 받았다. B는 암 발견이 조금이라도 늦었다면 어떻게 되었을지 생각하기도 싫다면서, 회사에 건강을 관리할 수 있는 복지혜택이 있어 진심으로 감사함을 느낀다고 했다.

SCL이 이처럼 다양한 복지제도를 운영하는 이유는 '일하기 좋은 직장'을 만들기 위해서이다. 일하기 좋은 직장을 만들면 직원들이 열심히 일할 수 있다. 또한 훌륭한 인재들이 모여들고 이직률을 줄일 수 있다. 현재 몸담고 있는 회사에 대한 만족감이 높고 비전도 있는데 굳이 새로운 회사를 찾아 떠날 이유가 없어지는 것이다. 직원들이 회사에 대한 애정을 갖고 열정을 다하므로 성과가 좋아진다. 즉, 근무환경을 개선하고 복지제도를 제공하는 것은 기업의 생산성과 수익성을 높이는 결과를 낳는다.

근로의욕 고취해 회사 성장시키는 복지제도

글로벌 기업들은 직원들의 삶의 질 향상과 업무 집중력 강화를 위해 다양한 복지제도를 제공하고 있다. 세계적인 숙박중개기업 에어비앤비는 직원들이 원하는 장소에서 일하는 것을 허용한다. 연간 최대 90일 내에서 국내외를 자유롭게 오가면서 생활할 수 있는 것. 경영진은 직원들의 원격근무를 허용하면 회사와 먼 곳에 살고 있는 인재들도 입사할 수 있게 돼 훌륭한 인재를 확보하는 데 더 유리하다고 판단하였다. 그러면서도 원격근무로 인해 협업이 소홀해지지 않도록 정기적인 부서 모임이나 친목 행사를 통해 직원들이 만나서 유대감을 쌓을 수 있도록 하였다.

2022년 6월부터는 국가별 단일임금체제를 실시해, 임금이 낮았던 지역에서 근무하던 직원들은 높은 지역 임금에 맞춰져 인상된 임금을 받게 되었다. 에어비앤비 CEO 브라이언 체스키는 직원들을 언제 어디서든 자유롭게 일할 수 있게 해주면 창의성과 혁신에 좋으며, 직원들의 근무의욕을 높일 것이라는 의견을 밝힌 바 있다_{참고 : 어디서든 자유롭}게 일할 수 있는 근무체계 도입/에어비앤비 뉴스(news.airbnb.com)/2022.4.28.

미국의 친환경 아웃도어 브랜드 파타고니아_{Patagonia}는 이직률이 낮다. 미국 소매업계의 평균 이직률이 약 60%인데, 파타고니아는 4% 수준이다. 이직률이 낮다는 건 직원들의 회사에 대한 만족도가 높다는 말이 된다. 파타고니아 직원들은 어떤 점들을 마음에 들어 하는 걸까?

파타고니아는 근무시간 자유선택제를 운영하고 있다. 근무시간 자유선택제란 일하고 싶을 때 일하고 쉬고 싶을 때 쉬는 것으로, 제도의 이름 자체가 '직원들이여 서핑을 하라_{Let my people go surfing}'이다. 파도가 치면 서핑을 하고 눈이 내릴 때는 스키를 즐기라는 것이다.

직원을 채용할 때는 일반적으로 기업들이 선호하는 스펙보다 다른 기준을 적용한다. 환경보호에 대한 관심, 독립적이고 창의적인 발상 등을 중시해 함께할 직원들을 뽑는다. 파타고니아 CEO 이본 쉬나드_{Yvon Chouinard}는 직원이 회사를 그만두려 하면 반드시 면담하여 회사가 부족한 점이 무엇인지를 경청한다. 이처럼 진지하고 진정성 있는 CEO의 태도에 직원들은 감동하지 않을 수 없다.

파타고니아는 일찍부터 직원들을 위해 사내 유치원을 운영해 왔다. 직원들은 아이를 유치원에 맡기고 일에 전념하고, 아이들은 훌륭한 선생님들의 지도를 받으면서 즐거운 시간을 보낸다. 그러다 근무가 끝난 부모의 손을 잡고 집으로 귀가한다. 파타고니아 CEO 이본 쉬나드는 "일은 즐거워야 한다. 일터로 오는 게 신나서 한 번에 계단을 두 칸씩 뛰어올라야 한다"라고 말했다_{참고 : 파타고니아, 파도가 칠 때는 서핑을/이본 쉬나드 지음/라이팅하우스.} 그는 이 철학대로 직원들에게 즐겁고 편안한 근무환경을 제공하기 위해 최선을 다한다.

세일즈포스_{Salesforce}는 미국의 IT기업으로 기업들에 클라우드 컴퓨팅 서비스를 제공하는 일을 한다. 일반인들에게 많이 알려진 회사는 아니지만, 세계 각국의 글로벌 기업들이 세일즈포스의 고객사이고, 수년 전 우리나라에도 진출해 여러 대기업들이 세일즈포스의 서비스를 이용하고 있다.

세일즈포스는 미국 경제 전문지《포천_{Fortune}》지로부터 2018년에 가장 일하기 좋은 기업으로 선정되었다. 이 회사의 기업문화는 '오하나_{Ohana}'라는 단어로 표현된다. '오하나'는 하와이 말로 '가족'이라는 뜻이다. 세일즈포스 CEO 마크 베니오프_{Marc Benioff}는 직원들 모두가 서로에게 가족처럼 끈끈한 유대감과 책임감을 가지고 일할 것을 강조한다.

직원들은 바쁘게 일하면서도 자기 업무가 무리하다고 인식하지 않는다. 경영진은 업무관리 시스템을 통해 직원들이 각자의 목표를 달성하는지 여부를 관리하지만, 그러면서도 개개인의 삶의 질이 떨어지지 않도록 배려해 준다. 아침식사와 간식, 음료를 무료로 제공하고 교통비 일부를 지원한다. 직원들이 원하는 만큼 휴가를 쓸 수 있는 무제한 유급휴가, 건강증진을 위한 웰니스wellness 프로그램도 있다.

무제한 유급휴가제는 MSMicrosoft에도 있는데, 정규직에 한정돼 사용할 수 있다. 유급휴가제 외에도 아플 때, 휴식이 필요할 때 쉴 수 있도록 10일간의 휴가가 따로 있다. MS는 사내 다양한 운동시설과 오락시설을 갖추고 있으며, 미용실·병원이 사내에 있어 직원들이 편리하게 이용하고 있다참고 : "원하는 만큼 쉬어라"…MS '무제한 휴가제' 도입/조선비즈/2023.1.12.

최근 들어 구글을 비롯해 실리콘밸리의 여러 기업들이 사내복지제도를 축소하고 대규모 인력감축 계획을 발표하였다. 위에서 소개한 기업들 중 세일즈포스는 직원들 건강증진을 위해 한 달에 한 번 쉬는 '웰빙데이'를 폐지하였다. 급격하게 변화하는 시장환경과 실적 감소, 경기 침체에 대응한다는 것이 이유이다.

경영환경이 악화되면 기업 입장에서는 복지혜택을 줄일 수밖에 없다. 비록 지금은 일시적인 변화가 불가피하지만, 많은 기업들이 복지제도의 순기능을 이해하고 있다. 복지제도는 직원들의 근무의욕을 고취시키고 기업 생산성을 향상시키는 좋은 수단이다. SCL을 비롯하여 모범적인 기업들의 복지 사례를 보면 건강증진 프로그램, 육아휴직제도, 성과에 따른 인센티브 등등이 직원들에게 각광받는다는 걸 알 수 있다.

기업은 직원들의 복지 선호도를 반영하면서도 시시각각 변하는 경영환경에서 일정하게 유지할 수 있는 복지제도를 만드는 게 필요하다. 매출이 높을 때 많은 혜택을 만들었다가 안 좋아질 때 없애게 된다면 노사 간의 신뢰에 영향을 미칠 수 있다. 그래서 기업이 직원들에게 뭔가를 약속할 때는 일관성을 갖는 게 좋다. 기업마다 자기 상황에 맞는 복지제도를 만들어 꾸준히 유지해 나간다면 노사 간의 유대감을 높이고, 근무의욕을 고취시켜 성과를 높이며, 훌륭한 인재들이 오래 머무는 기업이 될 수 있을 것이다.

인간적인 너무나 인간적인

한 사람 한 사람이 중요하다

생텍쥐페리Antoine de Saint-Exupéry의 《어린 왕자》에서 어린 왕자와 여우가 나누는 대화 중 이런 내용이 있다.

"세상에서 가장 어려운 일은 사람이 사람의 마음을 얻는 일이야. (중략) 그 바람 같은 마음을 머물게 한다는 건 정말 어려운 거야."

아마도 이 문장에 공감하지 않는 사람은 없을 듯하다. "열 길 물 속은 알아도 한 길 사람 속은 모른다"라는 속담처럼 사람의 마음은 알수가 없고, 얻어 내기도 힘들다.

그런데 SCL은 직원들의 마음을 성공적으로 얻어 냈다. 섬김과 배려를 기업문화로 만들고 다양한 복지제도를 실시한 덕분일 것이다. 직원들은 여기에 하나가 더 있다고 설명한다. 사람을 바라보는 시선이다.

"한번 인연을 맺으면 그대로 이어 가고자 하는 성향이 강해요. 사람에 대한 시선이 따뜻하달까, 남들이 들으면 믿어지지 않겠지만 저희는 그렇게 느껴요."

업무를 하다 보면 실수할 수 있다. 그 실수가 생각보다 클 수도 있다. 기업은 본질적으로 철저한 이익단체이므로 경영상 타격을 주는 행위를 용납하기 어렵다. 실수를 저지른 직원에게는 징계를 내리고, 그 정도가 심한 경우 퇴사 조치를 취하기도 한다. 그런데 SCL은 실수를 저지른 직원에게 문책하기보다는 실수를 만회할 수 있는 기회를 주려고 노력하고 있다.

성과에 대한 부분도 그렇다. 일반적으로 기업들은 직원들 개개인에게 목표를 정하고 이를 달성할 것을 유도한다. 기업에 몸담고 있는 직장인치고 성과와 실적에 부담을 느끼지 않는 이가 없다. 매출을 담당하는 영업부는 물론이고 각 부서가 매년 자신이 달성해야 하는 성과를 거두기 위해 스트레스에 시달린다. 그런데 SCL 직원들은 위로부터 그런 압박을 잘 느끼지 못하는 편이라고 말한다.

"검사부와 영업부를 포함한 모든 부서들이 부서별·개인별 성과 지표와 목표값이 있지만, 목표에 대한 압박감보다는 본인이 맡은 일을 잘 수행해 나가면 자연스레 좋은 성과가 따라온다는 걸 회사는 알고 있는 것 같아요. 그렇기에 회사는 각 부서원들이 좋은 성과를 낼 수 있도록 지원하고 그러한 환경을 마련해 주는 데 힘써 주고 있습니다."

SCL의 조직 운영, 인사 관리, 전략 수립 등 모든 경영 이슈에 있어서 가장 중요한 가치는 사람이다.

목표를 정하고 관리하지만, 반드시 달성해야 한다고 무조건 압박하기보다 각 구성원들이 자신이 맡은 직무에서 최대한의 역량을 낼 수 있도록 해주는 것이 더 중요한 가치라고 여기는 회사인 것이다. 검사부를 예로 들면, 검사 물량이 늘어나도 시간 내에 무리하게 업무를 처리하는 것보다 오류가 나지 않게 신중을 기하면서 고도화된 업무 처리를 하고 있다. 직원들 역량을 넘어서는 업무량이 지속된다고 판단하면 인원을 보충하거나 장비를 보충하는 등의 대안을 만든다.

최소 자본으로 최대의 효율을 내고 싶은 것이 기업이지만, SCL은 그렇게 하지 않는다. 성과보다 사람이 더 중요하기 때문이다. 직원들은 경영진이 선제적으로 개선안을 만들어 주는 걸 보면서 '이 직장에 오랫동안 다니고 싶다'고 생각하게 된다. 회사를 신뢰하게 되는 건 물론이다.

이처럼 SCL의 조직 운영, 인사 관리, 전략 수립 등 모든 경영 이슈에 있어서 가장 중요한 가치는 사람이다. 이경률 회장은 그 이유를 이렇게 설명하였다.

"저희가 종사하는 보건의료 분야의 가장 큰 특징이 바로 사람이죠. 사람이 사람의 생명을 살리는 일을 하는 거예요. 업무의 시작과 끝이니 중요할 수밖에 없어요. 약점일 수 있지만, 장점도 될 수 있다고 생각합니다."

SCL에서는 다양한 직군들이 함께 일한다. 의사들, 임상병리사들, 석박사 연구원들이 어우러져 사람의 생명을 위한 연구와 실험, 검사

업무를 진행한다. 개개인이 맡은 역할이 분명하지만, 결과를 낼 때는 여러 전문가들이 머리를 맞대고 상의한다. 아무리 시스템의 자동화가 이뤄졌다고 해도 기기가 한 일을 분석해서 결과를 내놓는 건 사람이 해야 한다. 그래서 SCL에서는 사람들끼리의 협업이 중요하다. 니체의 책 제목을 빌려 말하자면 '인간적인 너무나 인간적인' SCL의 기업문화는 이런 이유로 만들어진 것이다.

생산성 향상 & 직원 만족도
두 마리 토끼 잡는 직무교육

전문가라 함은 해당 분야를 공부하고 그 일에 종사해 깊은 지식과 경륜을 갖춘 사람을 말한다. 사실 이런 이들이 모여 협업하기가 쉽지 않은데, SCL 전문가들은 협업을 잘 이뤄 가고 있다. 전문가들 스스로 사람을 위하는 일을 한다는 자부심이 있는 데다 회사가 대화와 협력, 직업적 사명감에 대한 교육을 진행해서이기도 하다. SCL은 전문가들이 자기 역할과 소명을 잘 이해하고 직무능력을 키울 수 있도록 SCL 아카데미를 오픈하여 교육을 실시하고 있다.

SCL 아카데미는 2020년 3월 처음 만들어졌다. 검체검사기관들 중에서 직원들 대상으로 온라인교육센터를 설립한 것은 SCL이 최초이다. 코로나19 사태로 인해 기존의 대면교육 방식이 어려워지면서 온라인 교육을 통해 다양한 소통을 위한 쌍방향 소통과 공감에 중점을 두었다. 특히 SCL 본원을 비롯해 대구의원, 제주의원, 전국의 영업소 임직원들에게 신속하고 생동감 있는 교육이 가능하다. 연세대학교 의과대학 진단검사의학과 교수를 역임한 이경원 명예교수가 초대 원장을 맡았고, SCL 전문의를 포함하여 국내 유명 대학교수들을 초빙하여 프로그램의 질을 높여 가고 있다.

온라인교육센터를 통해 법정교육·공통교육·계층교육·직무교육 등 임직원의 전체적인 교육훈련을 실시하고 있다. SCL은 온라인 교육을 시작으로 실무와 현장 중심의 교육 프로그램을 운영할 계획이다. 교육 콘텐츠는 직접 제작하기도 하지만, 유수의 콘텐츠 제작업체와 협업해서 공급받기도 한다. 설문을 통해 직원들이 요구하는 교육을 수렴하여 다양한 분야의 우수 콘텐츠를 제공하고 있다.

많은 기업들이 시간과 비용을 투자해 직원들을 대상으로 교육을 진행한다. 교육을 통해 직원들의 업무능력과 지식을 개발하면 생산성과 수익성이 더 증대될 수 있기 때문이다. 세상이 빠르게 변화하고 시시각각 새로운 기술이 개발되고 있는 만큼 이를 잘 배우면 새로운 미래 먹거리를 개발하는 데에도 용이하다. 직원 입장에서도 교육을 통해 스스로의 능력을 배가시킨다는 만족감이 있고, 회사의 매출이 증가하면 그에 합당한 보수와 인센티브를 받을 수 있다는 점에서 근무 만족도가 높아진다.

동료를 이끌어 주는 아프리카 코끼리처럼

아프리카 코끼리는 지상에 존재하는 동물 중 가장 몸집이 크다. 이 동물은 사회활동 능력이 아주 뛰어난 것으로도 유명하다. 나이가 많은 암컷이 무리의 대장을 맡아 혈통이 같은 코끼리들을 이끈다. 코끼리들은 사자나 호랑이 같은 맹수로부터 서로를 보호해 주고, 특히 새끼 코끼리가 사냥감이 되지 않도록 힘을 합쳐 지킨다. 어미 코끼리들은 새끼에게 생존하는 데 필요한 기술을 가르쳐 준다.

먹이를 찾아 이동할 때는 대장 코끼리가 이동경로와 수원지를 무리에게 공유한다. 가다가 장애물을 만나면 협동해서 제거하고 누군가 도랑이나 진흙탕에 빠지면 함께 구조에 나선다. 나이가 많거나 맹수에게 사냥을 당해 목숨을 잃은 코끼리가 발생하면 상당 시간을 그 곁에 머물고, 다른 지역을 찾아 떠나기 전에 그 장소를 방문할 정도로 의리가 있다. 인간은 지구상에서 가장 우수한 지능과 정서력을 갖고 있다고 자부하지만, 아프리카 코끼리가 보여 주는 모습을 보면 감탄이 절로 나온다 참고 : 아프리카 코끼리/위키백과.

사람을 중요시하는 SCL의 인재상을 논하다 보면 아프리카 코끼리가 떠오른다. SCL은 타인과의 협업 능력, 협동심이 뛰어난 사람을 선호한다. 생명과학을 다루기에 창의성을 더 우선시할 것 같지만, 그것보다 매일 자신의 일을 착실하게 해 나가는 성실함과 타인과의 협업력을 더 높게 보고 있다. 리더십 역시 카리스마 넘치는 천재 타입보다는, 논리와 설득의 힘으로 상대와 함께 갈 줄 아는 인재가 회사에 더 적합하다고 본다. 홀로 공을 인정받으려 하지 않고 팀원들을 함께 성공시킬 줄 아는 사람이다.

이경률 회장은 어떤 위치에 있든 사람에 대한 존중이 기본이어야 한다고 단호하게 말했다. 만약 리더로서 존경받고 싶다면 그럴 만한 행동을 하는 게 먼저이고, 억지로 얻어지는 것이 아니라는 게 그의 생각이다.

"목소리를 높여서 질책한다고 팀원이 일을 잘할 수 있게 되는 건 아니죠. 그런 강압적 방법이 아니라 팀원들이 스스로 최선을 다할 수 있게끔 리드할 줄 아는 사람이 진짜 리더라고 생각해요."

SCL은 협업을 중시하는 만큼 한 명의 특출난 천재보다 평범한 다수의 힘을 더 믿는다. 팀워크를 맞춰서 해야 하는 일이 많으므로 개인이 톡톡 튀는 것도 좋지만, 상대의 의견에 귀를 기울여 함께 일을 만들어 갈 줄 아는 사람이 더 필요하다는 것.

그래서 SCL은 회장을 비롯한 경영진의 강력한 리드보다는 각 부서장에게 권한과 책임을 위임해서 조직을 운영하고 있다. 자기 팀의 특징과 팀원들의 개성에 맞게 꾸려 갈 수 있도록 자율성을 주는 것이다. 덕분에 SCL의 조직문화는 각 부서별로 다채로운 색깔로 만들어지고 있다. 부서장들은 솔선수범하면서 팀원들에게 목표를 부여하고 코칭을 해주면서 함께 나아간다.

SCL이 원하는 인재상은 많은 기업들이 선호하는 인재상과 일치한다. 2022년 구인구직 플랫폼 사람인이 538개 기업을 대상으로 '인재상 키워드'를 조사한 결과, 1위는 책임감52.7%, 복수응답이었고, 다음으로는 소통 능력32.9%, 성실성32.9%, 팀워크28.6%, 긍정적인 태도25.1%, 전문성16.5% 등이 뒤를 이었다. 또한 기업의 77%가 스펙이 충분하지만 인재상에 맞지 않아 탈락시킨 경험이 있었고, 86.1%는 스펙이 부족해도 인재상에 부합해 합격시킨 경험이 있었다참고 : 스펙? 이제는 인재상 싸움이다! 기업들은 '이런' 인재 원한다/사례뉴스/2022.3.11.

재능과 능력보다 성품과 소양을 중요시하는 기업 인재상의 변화는 근래에 계속되는 추세이다. 2021년 잡코리아는 국내 기업 578개사를 대상으로 '불황기 신입 및 경력직 채용 시 중요하게 평가하는 요건'을 조사한 결과, 긍정성이 48.8%복수선택 응답률로 1위를 차지했고, 뒤이어 성실성46.3%, 끈기44.9%, 책임감30.3%, 적극성22.3% 등으로 나타났다참고 : 대한민국 기업, 2021년 인재상 대폭 수정 중!/잡코리아/2021.5.27.

2020년 334개사 기업을 대상으로 한 사람인의 조사에서는 책임감17.4%이 1위를 차지했고, 다음으로 성실성15.9%, 전문성12.3%, 협력·팀워크11.1% 등이 뒤를 이었다. 인재상에 부합하는지 여부가 당락에 미치는 영향은 평균 58.1%로, 스펙이 부족하지만 인재상에 부합해 합격시킨 경험이 있는 기업은 이 조사에서 82.6%였고, 스펙은 충분해도 인재상에 맞지 않아 불합격시킨 기업은 79.3%였다참고 : 기업 인재상 1위는 책임감/뉴스토마토/2020.2.10.

수많은 취준생들이 스펙 쌓기에 올인하지만, 정작 기업은 스펙보다 자신들이 선호하는 인재상에 더 무게중심을 두고 있다. 조직생활을 잘해 내기 위해서는 특출한 능력보다 개개인이 가진 성격, 기본 소양이 훨씬 더 중요하기 때문이다. 기업의 인사담당자들은 기업을 성장시키는 인재는 독불장군식 천재가 아니라 자기 몸을 낮추고 팀워크를 살릴 줄 아는 사람이라고 말하고 있다. SCL은 이런 인재들을 적극적으로 받아들이고 성장시켜 나가는 중이다. 각자의 구성원이 고유의 색깔을 존중받으면서 동료들과 의기투합해 공동의 비전을 이뤄 가고 있다.

 세상은 더 이상 한 명의 천재에게 열광하지 않는다. 조직에서 각광받고 싶다면 무엇보다 인격과 소양을 갖추도록 노력하자. 성실하고 책임감 있게 맡은 바 임무를 완수하고 팀원들과 원활하게 소통하는 능력이야말로 오늘날 핵심인재의 최고 덕목이라는 사실을 잊지 말아야 한다.

40년을 이어 온 기업철학

착한 걸음 6분 걷기

34만 7,182명. 1,165개.

어떤 숫자들일까? 첫 번째는 우리나라 질병관리청에 등록된 희귀질환자의 숫자_{질병관리청 2020년 희귀질환자 통계 연보}이고, 두 번째는 희귀질환의 숫자_{질병관리청 발표/2022.12.23}이다. 희귀질환이란 유병인구가 2만 명 이하이거나 진단이 어려워 유병인구를 알 수 없는 질환을 말하는데, 질병관리청은 「희귀질환관리법」에 따라 매년 국가관리대상 희귀질환을 지정한다.

의료 전문가들은 위의 숫자가 공식적인 기록일 뿐 실제로는 훨씬 더 많은 희귀질환 및 희귀질환자가 존재한다고 보고 있다. 전 세계적으로 알려진 희귀질환은 7,000여 개 이상이다. 많은 이들이 자신이 희귀질환에 걸렸다는 사실을 알지 못한 채 고통받고 있다.

희귀질환자들은 병을 치료해 줄 전문가와 치료법/치료제 등이 부족해 어려움을 겪고 있다. 진단을 받는 것조차 어려워 병원을 전전하는 경우도 많다. 비급여 약제가 많아서 치료비용을 지불하는 게 큰 부담이다. 「희귀질환관리법」으로 지정되지 않은 질환의 경우 의료지원을 받을 수도 없다희귀질환으로 지정되더라도 전액본인부담, 비급여, 선별급여, 예비급여, 2·3인실 입원료 등은 의료비 지원에서 제외. 몸이 아픈 것도 서러운데 경제적 부담을 짊어져야 하고, 이런 사정을 알아주는 이가 없어서 정서적 위기감도 크다.

다중적인 어려움에 시달리는 희귀질환자들을 돕기 위해 '착한 걸음 6분 걷기'란 캠페인이 있다. 이는 희귀질환 및 만성질환자들에게 6분간 보행능력을 테스트하여 질환이 나아졌는지를 확인하는 6분 걷기 검사에서 착안됐다. 희귀질환에 대한 사회적 관심을 높일 목적으로 시작된 시민 참여형 공익 캠페인이다. 시민들은 6분간 자갈이나 지압판으로 만들어진 길을 걸으면서 희귀질환자들의 고통과 어려움에 동참한다. 시민들이 걸은 발걸음을 금액으로 환산해 기부도 한다.

SCL은 2017년 제정된 5월 23일 희귀질환 극복의 날을 기념해 당시 광화문에서 열렸던 '착한 걸음 6분 걷기' 캠페인에 참여했다. 이 행사에는 3,000명이 넘는 시민들과 58명의 자원봉사자들, 그리고 SCL을 비롯한 여섯 개 기관서울시, (사)한국자원봉사문화, 사노피 젠자임, 대한의학유전학회, 생명보험사회공헌재단, SCL이 참여하여 질환자들의 마음을 느끼고 회복을 응원했다. SCL 직원들은 그날 행사에 참여하면서 남다른 소회를 느꼈다고 한다.

"검체검사기관에 근무하고 있으니까 희귀질환에 대한 의학적 지식은 있지요. 그런데 환자들의 고통을 간접적으로나마 체험하니까 더욱더 사명감이 생기더라고요."

다른 질환도 마찬가지지만 희귀질환은 더더욱 조기 진단이 필수이고, 여기에 검사기관의 역할은 매우 중요하다. 직원들 스스로 의료기관 종사자로서 더욱 책임감을 가져야겠다고 결심을 다지면서 그날의 행사는 여러모로 성공적으로 마무리되었다.

고통 속에 홀로 신음하는 이가 없도록

SCL은 의료기관이자 글로벌 헬스케어 기업으로서 사회적 책임을 다하기 위해 사회공헌활동에 주력해 왔다. 특히 관심을 갖고 있는 대상은 지역 내 소외계층이다. 수원시 등 지역 유관기관과 '건강나눔 행복동행, 취약계층 지원사업'에 대한 MOU를 맺고 사업비를 지원했다. 와상환자누워서 생활해야 하는 환자에 대한 에어컨 지원, 취약계층의 전기료 지원 등이 이뤄질 것이다.

대한적십자사 경기도지사와는 '언니의 선물' 프로젝트를 통해 지역 내 소외계층 여성 청소년들에게 위생용품을 지원하였다. 경제적 어러움 때문에 기본 생활용품인 생리대를 구입하지 못해 큰 불편을 겪고 있던 소외계층 여자 청소년들이 도움을 받을 수 있었다. 이 외에도 대한적십자사 경기도지사와 코로나19 전담 의료진을 위한 구호물품을 지원하였고, 성남시 및 안양시 청소년재단에 코로나19 자가진단키트를 기부하였으며, '2022 인천 SK텔레콤 그랑프리대회'에 참가한 선수단과 관계자를 대상으로 코로나19 검사 등 방역을 지원한 바 있다. 2022년 폭우로 피해를 입은 수재민을 후원하였고, 용인시 지역아동센터 32개소에 PC를 기부하였다.

최근 들어서 취약계층 아동들에게 IT 교육을 실시하는 프로젝트를 진행하고 있다. 지역아동센터와 연계하여 돌봄이 필요한 아동들을 모집하여 컴퓨터의 기초부터 코딩까지 꼭 필요한 IT 지식을 가르치는 교육 프로그램을 운영하는 것. 이 프로젝트를 위해 특히 SCL 정보시스템부 직원들이 교육 프로그램 강사로 나섰다. 앞으로 IT 교육사업을 점차 확대해 나갈 방침이다.

SCL에서 오랫동안 진행해 온 사회공헌활동은 '다시서기 진료소'와 '사랑나눔 헌혈행사'이다. 다시서기 진료소는 건강상태가 상대적으로 취약한 노숙인을 대상으로 실시한 무료 검사 서비스로, 2009년부터 10년째 진행하고 있다. 현재까지 4,677명의 노숙인들이 전해질, 종양표지검사 등 72개 항목의 무료 검사 서비스를 받았다. 사랑나눔 헌혈행사는 중앙대병원과 함께 진행하는 것으로, 국가적인 혈액 부족 문

SCL은 의료기관이자 글로벌 헬스케어 기업으로서 사회적 책임을 다하기 위해 사회공헌활동에 주력해 왔다.

제 해소와 지역사회 나눔문화 확산에 기여하기 위해 2013년도부터 지금까지 이어 오고 있다.

2022년에는 한국장애인고용공단과 장애인 일자리 창출을 위한 자회사형 장애인표준사업장 설립 협약을 체결하고, 관계사인 하나로의료재단과 공동으로 '호브Hove'란 이름의 카페서울시 종로구 청진동 소재를 오픈하였다. 이 카페에는 10명의 장애인 바리스타가 근무하고 있다. SCL헬스케어는 앞으로 강남을 비롯해 용인 지역으로 카페 사업 규모를 확대해 나갈 예정이다.

타 기관 및 단체와 연계한 사회공헌활동 외에 이경률 회장과 임직원이 스스로 참여하는 사회공헌활동도 적잖다. 대표적으로 '희망나눔챌린지'가 있다. 이 프로젝트는 SCL 직원들이 세 가지 건강 챌린지를 수행하고 성공하는 만큼 장애아동을 위한 기부금이 조성되는 직원 참여형 사회공헌활동이다.

제3국을 돕는 사회공헌활동도 적극적으로 진행하고 있다. 교육 전문 국제구호개발 NPO '기쁨나눔재단'을 통해 캄보디아 장애인 기술학교 '반티에이 쁘리업'에 차량을 후원했다. 반티에이 쁘리업은 캄보디아 프놈펜에 위치한 장애인 기술학교로, 복지 사각지대의 장애인 학생들을 발굴하여 기술 교육과 취업 연계를 통해 자립을 지원하는 교육시설이다.

2022년에는 연세대학교 의과대학 용인세브란스병원과 용인시 외국인복지센터와 함께 난치성 질환으로 치료에 어려움을 겪고 있는 몽골 환아에 대한 치료비를 지원하였다. 덕분에 심부전증 치료 후 증상에 차도가 없어 의료지원이 필요했던 몽골 환아남, 15세가 우리나라에 와서 정밀 진단 및 적절한 치료를 받을 수 있었다.

2023년에는 창립 40주년을 맞아 대한적십자 경기도지사 중부봉사관과 연계하여 제빵나눔터에서 빵을 만들고 포장하는 봉사활동을 펼쳤다. 임직원 및 직원 자녀들이 정성 어린 마음을 담아 만든 400개의 빵은 용인시와 성남시의 취약계층 가정 및 연계시설에 전달되었다.

SCL이 사회공헌활동을 꾸준히 펼쳐 온 이유는, 어떤 사람도 고통 속에서 홀로 신음하게 두고 싶지 않다는 마음의 발로이다. 창립 후 40년간 이어져 내려온 SCL의 기업철학인 '사람 중심'과 맞닿아 있다. 의료기관이자 글로벌 헬스케어 그룹으로서 질병으로 고통받는 이들, 복지 사각지대에서 신음하는 이들의 눈물을 닦아 주는 걸 당연한 소명으로 생각하는 것.

그래서 SCL의 사회공헌활동은 단지 금전적 지원에 그치지 않고 지역사회를 깊이 파고들어 실질적인 문제를 해결하는 방식으로 진행된다. 다수의 의료진과 의학 전문가들이 포진해 있는 만큼 이런 역량을 적극적으로 활용하고 있다. 의료 지원, 방역물품/생활용품 제공 등 취약계층이 진짜로 필요로 하는 부분을 다양하게 지원한다.

이처럼 다방면으로 활발한 사회공헌활동을 펼친 덕분에 SCL은 사회공헌 부문 대상을 다수 수상하였고, 2023년 조선일보 사회공헌 대상 시상식에서는 일자리 창출 부문 대상을 수상하였다. 사회공헌활동과 더불어 코로나19 여파 속에서 직원 채용을 늘려 나간 것_{2022년 현재 채}용 인력은 2019년 대비 50% 이상 증가, 장애인 고용 비중을 확대해 나간 것_{장애인}고용 비율 전체 임직원의 약 3%, 2016년부터 지속적으로 증가 등 나눔의 가치를 기업이 념으로 삼고 지역사회 상생에 기여한 행위 등을 종합적으로 인정받은 것이다.

SCL의 주요 사회공헌활동(2021~2023 現)

- SCL 사우회, 추석 맞이 다문화가정 지원(2021)
  [지구촌사회복지재단 용인시건강가정다문화가족지원센터와 연계]

  - 코로나19로 추석 연휴 고국 방문이 어려운 용인시 거주 외국인 근로자, 유학생 200명을 대상으로 추석 맞이 밀키트 전달

- 의료 취약계층 여성 자궁경부암 백신 접종 지원(2022)
  [동남보건대학교 경기보건지원센터와 연계]

  - 장애인복지시설 엘림보호작업장, 수원시다문화센터 여성들 자궁경부암 백신 접종 지원

- 의정부시 '100일간 사랑 릴레이' 기부(2022)
  [100일간 릴레이식으로 기부에 참여하는 의정부 범시민 사랑나눔 캠페인 참여 후원]

  - 코로나19 여파로 경제적 어려움을 겪고 있는 위기가정, 취약계층 등 도움의 손길이 필요한 주민들 지원

- 용인시 '사랑나눔 김장축제' 지원(2022)
  [용인시자원봉사센터와 연계]

  - 용인시자원봉사센터와 함께 취약계층 주민을 위한 '사랑나눔 김장축제' 참여
  - 취약계층 500가구를 위한 김장 재료 비용 지원 및 임직원 봉사 참여

- 용인시 모범운전자 판초우의 지원(2022)
  [용인시자원봉사센터와 연계]

  - 교통혼잡 지역의 교통정리 자원봉사자를 위한 판초우의 지원

- 제주 지역아동센터에 코로나19 진단키트 1만 개 기부(2022)
  [제주사회복지공동모금회, 제주특별자치도지역아동센터연합회와 연계]

  - 제주도 내 65개 지역아동센터에 코로나19 자가진단키트 지원

- 제주도 내 사회취약계층의 건강증진 사회공헌사업 지원(2022)
  [제주사회복지공동모금회와 연계]

  - 치료비 부담이 어려워 진료를 받지 못하는 제주도 취약계층 대상 의료비 지원

- 서초구 여의천 산책로 가꾸기 환경 캠페인 진행(2022)
  [서초구 및 서초구자원봉사센터와 협력]

  - 탄소중립 실천의 일환으로 '여의천 산책로 가꾸기' 환경 캠페인 진행
  - 여의천 산책로 구간에 묘목 3,000그루 후원

- 지역아동센터 '산타의 선물' 기부(2022)

  - '희망나눔 챌린지' 임직원 걸음 기부로 조성된 기부금으로 지역아동센터 아이들에게 산타의 선물(학용품 세트) 전달

- 튀르키예 이재민 위해 긴급 구호물품 지원(2023)

  - 튀르키예 지진 피해 이재민을 위해 임직원들의 자발적인 기부로 모인 방한용품, 이불, 담요 등 구호물품을 전달

- '레드크로스 아너스 기업RCHC, Red Cross Honors Company' 등재(2023)

  - 대한적십자사 경기도지사에 1억 원 기부
  - 부식품 포장 및 전달, 제빵 봉사 등 다양한 취약계층 지원사업 진행
  - 대한적십자사 경기도지사의 고액 기부 프로그램인 RCHC 등재

- 대한적십자사 '씀씀이가 바른 기업' 캠페인 동참(2023)

  - 경제적 위기 상황에 놓인 가정을 지원하기 위한 기업의 정기 후원 프로그램 동참
  - 취약계층 가정의 생계, 의료, 주거 지원 등 수혜자 맞춤형 복지사업에 필요한 후원금 기부

- 창립 40주년 기념 임직원 및 직원 자녀 제빵 봉사(2023)

  - 대한적십자사 경기도지사 중부봉사관 제빵나눔터에서 제빵 및 포장 진행
  - SCL 임직원 및 직원 자녀 참여
  - 용인시, 성남시 취약계층 가정 및 연계시설에 400개 전달

레드크로스 아너스 기업 가입식. SCL이 사회공헌활동을 꾸준히 펼쳐 온 이유는, 어떤 사람도 고통 속에서 홀로 신음하게 두고 싶지 않다는 마음의 발로이다. 창립 후 40년간 이어져 내려온 SCL의 기업철학인 '사람 중심'과 맞닿아 있다.

기업이 사회적 책임을 다한다는 것

기업의 사회적 책임CSR ; Corporate Social Responsibility이란 기업의 이해관계자들근로자, 소비자, 지역사회, 시민단체, 정부 등이 기업에게 기대 및 요구하는 사회적 의무들을 기업이 자발적으로 수행하는 활동을 말한다.

CSR은 대개 4단계로 구분되는데, 제1단계는 '경제적 책임'으로 이윤 극대화 및 고용 창출에의 책임, 2단계는 '법적인 책임'으로 회계의 투명성과 성실한 세금 납부, 소비자의 권익 보호 등의 책임, 3단계는 '윤리적인 책임'으로 환경·윤리 경영, 제품 안전, 여성·현지인·소수인종에 대한 공정한 대우 등의 책임을 말한다. 4단계는 '자선적인 책임'으로 사회공헌활동 또는 자선·교육·문화·체육활동 등에 대한 기업의 지원을 의미한다참고 : 기업의 사회적 책임/시사경제용어사전/기획재정부. 앞에서 이야기한 SCL의 사회공헌활동은 사회적 책임 4단계에 해당한다.

CSR은 법적 책임이나 이행 강제력이 없는, 윤리적 혹은 도덕적 책임에 불과하다. 그러나 CSR을 기업 전략의 일환으로서 기업의 대내외적인 이미지를 높여서 궁극적으로는 보다 많은 이익을 얻는 수단으로 활용하고자 하는 기업들이 늘어나고 있다. 기업 입장에서는 이익을 늘리는 수단이고, 소비자·지역사회·정부 등은 기업으로부터 환경친화적인 제품/서비스를 제공받고 사회공헌활동의 혜택을 누릴 수 있다는 점에서 상호 윈윈이라 하겠다.

CSR을 잘하는 기업은 국제무대에서도 유리한 고지를 점할 수 있다. 2010년 국제표준화기구ISO는 CSR에 대한 표준 가이드라인 'ISO 26000'을 공표했다. ISO 26000이 국제적 규약화되어 국가 간 무역에서 비관세 무역장벽으로 작용할 것으로 전망하는 전문가들이 많다.

UN은 유엔글로벌콤팩트UNGC ; UN Global Compact를 제정하여 인권·노동·환경·반부패 4개 분야에서 기업의 공적 책임과 투명성 강화를 촉구하고 있고, 사회책임투자SRI ; Social Responsible Investment 원칙을 제정하여 각국 정부 및 금융기관의 연기금 운용 시 CSR 활동에 충실한 기업을 선별하여 투자할 것을 권고하고 있다. 또한 OECD는 다국적기업에 대한 OECD 가이드라인OECD Guidelines for Multinational Enterprises, 국제거래 시 외국 공무원의 뇌물방지협약, 기업 지배구조에 관한 원칙 등을 제정하면서 기업활동 관련 규범을 세우는 데 관심을 기울이고 있다참고 : CSR 필요성/중소벤처24(www.smes.go.kr).

CSR이 가진 국제적인 위상을 구구절절 설명하지 않더라도 기업이 사회적 책임을 다해야 한다는 점은 쉽게 이해할 수 있다. 기업은 근로자, 소비자, 지역사회, 시민단체, 정부 등 많은 이해관계자들에게 영향을 미치는 만큼 사회적 책임을 망각했을 때 예상을 뛰어넘는 불행한 일들이 벌어질 수 있다.

글로벌 스포츠 브랜드 나이키Nike는 1990년대 무렵 제3세계 아동들의 노동을 착취했다는 비난에 휩싸였다. 파키스탄 시알코트 지역에 사는 12세 소년이 시급 6센트를 받고 축구공을 만드는 모습이 미국의 시사사진잡지 《라이프Life》지에 의해 보도된 것이다. 많은 어린이들이 유해물질에 노출된 채 저임금을 받으며 노동력을 착취당하고 있었다. 이 사실이 폭로된 후 미국 전역에서는 어린이들을 착취해서 만든 나이키 제품을 구입하지 않겠다며 불매운동을 펼쳤다. 또한 베트남에 있는 나이키 하청공장에서 유독물질 톨루엔이 법정 기준치의 최대 177배까지 초과 검출된 사안 역시 비난의 대상이 되었다.

나이키의 비인간적·비도덕적 행태가 알려지면서 소비자들은 거세게 저항했고 매출은 직격탄을 맞았다. 주가가 폭락한 건 물론이었다. 소비자들의 맹렬한 분노는 결국 나이키를 굴복시켰다.

나이키는 아동 노동을 금하고 열악한 근무환경을 개선할 것을 약속했고, 생산선도기업MLP : Manufacturing Leadership Partner 체제를 도입해 평가기준에 부합하는 기업하고만 하청 관계를 유지하게 되었으며, 기업책임부Office of Corporate Responsibility를 신설하여 근로자들의 안전과 건강, 경영자 태도, 인력 개발, 환경 등과 관련된 지침을 만들어 관리한다. 이제 나이키는 유엔글로벌콤팩트에 가장 적극적으로 참여하는 기업으로 평가받고 있으며, 지역사회와 세계를 위한 다양한 사회공헌활동을 펼치고 있다참고 : 나이키, 제3세계 아동노동 착취자 비난, ESG로 넘는다/미디어피아/2022.12.28.

이와 반대의 사례로 시종일관 사회적 책임에 충실하여 소비자들의 칭송을 받는 기업도 있다. 대표적 기업이 파타고니아이다. 앞서 소개한 것처럼 파타고니아는 미국 친환경 아웃도어 브랜드로 등산, 산악자전거, 서핑, 스키, 플라이낚시 등과 관련된 장비와 의류를 생산·판매한다. 이 브랜드는 "우리는 우리의 터전, 지구를 되살리기 위해 사업을 합니다"라는 사명선언문으로 유명하다. 이에 걸맞게 제품 정보와 생산 전 과정 생산 과정에서 발생하는 오염물과 쓰레기, 사용되는 에너지 등을 '발자국 연대기Footprint Chronicle'라는 웹사이트를 통해 공개하고 있다.

또한 2011년 '이 재킷을 사지 마세요Don't buy this jacket'라는 광고를 하면서 환경보호를 위해 과도한 소비를 지양하자는 철학을 널리 전파하기도 했다. 많은 이들이 제품을 생산·판매해 이윤을 남겨야 하는 기업이 반대 내용의 캠페인을 한 것을 신선한 충격으로 받아들였다.

파타고니아 제품은 질이 좋고 가격은 비싸다. 철저하게 유기농·친환경 재료만 사용하기 때문이다. 다운재킷을 만들 땐 도축된 거위의 털을 이용한다. 파타고니아가 만든 비영리 식품 브랜드 파타고니아 프로비전Patagonia Provisions은 유기농, 친환경, 동물복지의 원칙을 지킨 식품들을 생산한다.

창업주 이본 쉬나드 회장은 직원들 복지와 기부에 늘 마음을 쓴다. 그는 평생 검소하게 생활해 왔는데, 2022년에 4조 원이 넘는 회사 지분 전부를 환경단체와 비영리단체에 기부하겠다고 발표했다. 측근들은 파타고니아를 매각하거나 상장할 것을 권유했지만, 회장은 그로 인해 회사가 이익을 최우선시하는 방향으로 바뀌면 지금처럼 환경보호와 직원복지에 신경을 쓸 수 없을 거라는 생각에 거부하였다고 한다. CSR의 모범사례로 꼽히는 파타고니아의 행보에 전 세계적인 찬사가 쏟아지고 있다.

나이키와 파타고니아 사례를 보면 기업이 사회에 미치는 책임이 얼마나 중차대한지 깨달을 수 있다. 기업이 선한 영향력에 관심을 가지면 많은 것들을 변화, 발전시킬 수 있다. 반면에 기업이 오로지 이익을 올리는 데에만 골몰한다면 많은 사람들이 피해를 입을 수 있다. 이것이 오늘날 CSR의 중요성이 나날이 강조되는 이유이다. 기업인들은 자신이 운영하고 있는 기업이 이 사회에서 어떤 역할을 하는지 진지하게 고민해 볼 필요가 있다.

SCL 직원들에게 사회공헌활동을 할 때 인상 깊었던 순간을 물었더니 이런 이야기가 돌아왔다. 지역아동센터 담당자들이 아이들을 섬세하게 챙기는 모습을 보고 많은 생각을 하게 되었다는 것. 행사를 진행할 때 혹시 아이들의 얼굴이 매체를 통해 불필요하게 노출되지 않을지, 아이들이 마음의 상처를 입는 순간은 없는지 걱정하고 신경을 쓰더라는 것이다. 아이들에게 진짜 필요한 지원이 무엇일까 늘 고민하는 모습을 보면서 절로 존경심이 들었다고 했다.

기업의 사회적 책임, 그중에서 사회공헌활동을 할 때 이런 마음이어야 하지 않을까? 도움을 주는 나 자신을 뽐내기보다 도움을 받아야 할 이들을 더 헤아리고, 물질에 앞서 마음을 주고받을 수 있어야 한다.

앞으로도 SCL은 사회공헌활동에 박차를 가할 생각이다. 기업이 사회적으로 책임을 다한다는 것은 단지 이익에만 목을 매지 않겠다는 뜻이다. 사회 일원으로서 모두가 함께 잘 살 수 있는 세상을 위해 다른 구성원들과 힘을 합치겠다는 것이다. 이런 생각을 하는 기업이 많아진다면 우리 사회는 지금보다 더 좋은 방향으로 변화할 수 있게 될 것이다.

서울의과학연구소 SCL의 도전과 성취

우리는 행복을 진단한다

초판 1쇄 발행 2023년 6월 1일
초판 7쇄 발행 2023년 8월 25일

지은이   이경률
엮은이   박보영
발행처   예미
발행인   황부현
기 획   SCL 서울의과학연구소 대외협력센터
편 집   김정연
디자인   김민정

출판등록   2018년 5월 10일(제2018-000084호)

주소   경기도 고양시 일산서구 중앙로 1568 하성프라자 601호
전화   031)917-7279   **팩스** 031)918-3088
전자우편   yemmibooks@naver.com

ⓒ이경률, 2023

ISBN 979-11-92907-06-2   03320